Vencendo a DEPRESSÃO
A Jornada de Esperança

Jackson-Triche M.D., M.S.H.S.
Kenneth B. Wells, M.D., M.P.H.
Katherine Minnium, M.P.H.

M.Books do Brasil Editora Ltda.

Rua Jorge Americano, 61 - Alto da Lapa
05083-130 - São Paulo - SP - Telefone: (11) 3645-0409
www.mbooks.com.br

Dados de Catalogação na Publicação

Maga Jackson-Triche/Kenneth B. Wells/Katherine Minnium
Vencendo a Depressão – A Jornada de Esperança
2003 – São Paulo – *M. Books* do Brasil Editora Ltda
1. Psicologia

ISBN: 85-89384-05-5

Do Original: Beating Depression

© 2002 by Maga Jackson-Triche/Kenneth B. Wells/Katherine Minnium.
© 2003 by M. Books do Brasil Editora Ltda.
Original em inglês publicado por McGraw-Hill.
Todos os direitos reservados

EDITOR: MILTON MIRA DE ASSUMPÇÃO FILHO

Produção Editorial
Cleusa de Souza Quadros

Tradução
Melissa Kassner

Revisão/Copy
Marcia Bertolette

Capa
Flávio Bacco

Editoração e Fotolitos
J.A.G Editoração e Artes Gráficas Ltda.

2003
1ª edição
Proibida a reprodução total ou parcial.
Os infratores serão punidos na forma da lei.
Direitos exclusivos cedidos à
M. Books do Brasil Editora Ltda.

Para minha mãe, Essie,
que sempre me disse o quanto me amava;
para meu dedicado e paciente marido, David;
e para meus engraçados e enérgicos filhos, James e Henry.
MJ-T

Para a equipe de estudo *Partners in Care* e os pacientes,
práticos e clínicos envolvidos por permitir que
aprendêssemos mais sobre o tratamento da depressão;
para meus pais pela fé que depositaram em mim;
e para minha esposa, Christina Benson, e meus filhos,
Matthew e Michael, por preencherem minha vida
com suas paixões, criatividades e compreensão.
KBW

Para meus amigos e familiares.
KM

SUMÁRIO

INTRODUÇÃO · xi

CARTA AO LEITOR · xv

CAPÍTULO 1 · 1
APENAS "MELANCOLIA",
OU ALGO MAIS SÉRIO?

Discute a diferença entre "dias tristes" ou
"melancolia" e Depressão Clínica. Os leitores são
alertados para o fato de que a depressão invade todos
os grupos sociais e étnicos. Histórias pessoais
ilustram o grave impacto que os sintomas têm sobre
a vida profissional e privada dos depressivos. A
conclusão expõe dez mitos comuns sobre a
depressão.

CAPÍTULO 2 · 17
O QUE É DEPRESSÃO E QUAL É A CAUSA?

Começa com uma breve discussão sobre "humor",
explorando algumas mudanças químicas que ocorrem
durante um episódio depressivo. Os leitores
aprenderão sobre os fatores de risco mais
significativos da depressão. E é concluído com
informações detalhadas sobre os diferentes tipos de
diagnósticos da Depressão Clínica.

SUMÁRIO

CAPÍTULO 3   53
ACHO QUE ESTOU CLINICAMENTE DEPRIMIDO. QUAIS SÃO MINHAS OPÇÕES?

Discute os tratamentos disponíveis para a depressão e examina como são usados na prática clínica. O capítulo apresenta descobertas sobre o impacto positivo do tratamento em resultados clínicos, especialmente, no emprego.

CAPÍTULO 4   81
OBTENDO OS MELHORES CUIDADOS

Depois de discutir os diferentes tipos de clínicos que tratam da depressão, os autores orientam seus leitores para que encontrem e trabalhem com aqueles mais capacitados a ajudá-los. Essa discussão inclui dicas para fazer com que o sistema de assistência médica funcione em seu benefício e aponta para a importância de determinar suas próprias preferências ao escolher um regime bem-sucedido.

CAPÍTULO 5   105
DEZ COISAS QUE POSSO FAZER PARA ME AJUDAR

Fornece uma discussão detalhada das coisas que as pessoas com depressão podem fazer para se ajudarem.

SUMÁRIO

CAPÍTULO 6   121
CONVIVENDO COM QUESTÕES ESPECIAIS

Examina questões especiais que incluem a depressão
em crianças e idosos, gravidez e discriminação.

CAPÍTULO 7   139
VIVENDO COM A DEPRESSÃO

Explora as diversas formas de falar com familiares e
amigos sobre a depressão. Há uma seção especial
sobre questões relacionadas ao trabalho.

CAPÍTULO 8   159
COLOCAR TUDO EM
ORDEM E PERMANECER BEM

Resume brevemente os pontos principais de cada capítulo. Os
autores encorajam o otimismo ao reforçar o fato de que as
pessoas deprimidas podem e conseguem melhorar. Histórias de
"sucesso" narradas em primeira pessoa mostram aos leitores a
verdadeira promessa do tratamento.

GLOSSÁRIO   173

RECURSOS PARA A DEPRESSÃO   179

Esta seção lista organizações no Brasil e nos Estados
Unidos para pacientes com depressão, familiares e
profissionais da área.

SUMÁRIO

APÊNDICE   183
KIT DE FERRAMENTAS
CONTRA A DEPRESSÃO
  Esta seção fornece exemplos de formulários para que
  os pacientes possam preenchê-los e discutir com
  seus médicos.

ÍNDICE   199

INTRODUÇÃO

A Depressão Clínica é uma condição médica que altera o modo como uma pessoa se sente, pensa e age. Isso afeta o humor, o comportamento, os pensamentos e a condição física. Situações que costumavam ser fáceis ou agradáveis, como passar um tempo com familiares ou amigos, ler um bom livro ou ir ao cinema, exigem mais esforço. Até mesmo atividades básicas, como comer e dormir, se tornam um problema. Para alguns, até mesmo o sexo parece desinteressante.

Muitas pessoas que sofrem de Depressão Clínica não percebem que estão doentes. Sentem-se mal ou incrivelmente tristes. Não têm esperança porque não sabem o que fazer para melhorar e nada parece ajudar.

Este livro é para aqueles que passam dias, semanas e até mesmo anos sentindo-se melancólicos ou tristes. Também é para aqueles que se preocupam com você, sua família, seus amigos e colegas. Nosso objetivo é ajudá-lo a reconhecer os sinais e os sintomas da Depressão Clínica e dar-lhe a boa notícia: existem tratamentos que funcionam. Há esperança e há ajuda.

Embora a ciência tenha feito grandes avanços no desenvolvimento de medicamentos antidepressivos, um bom tratamento envolve mais do que apenas tomar remédios. E os medicamentos não são os únicos tratamentos que funcionam. Discutimos aqui as últimas descobertas em pesquisa e damos a você informações sobre como trabalhar junto aos clínicos para obter os cuidados necessários. Também indicamos o que você pode fazer para se ajudar.

Muitas pessoas não percebem que a depressão é uma doença comum. A cada ano, somente nos Estados Unidos, quase 17

INTRODUÇÃO

milhões de pessoas descobrem que sofrem de Depressão Clínica. Jovens ou idosos, ricos ou pobres, homens ou mulheres; todos podem ficar clinicamente deprimidos, não importam sua raça ou religião. Os estudos mostram que aproximadamente 1 em cada 10 homens e 1 em cada 5 mulheres sofrem de Depressão Clínica em algum momento de sua vida.

A Depressão Clínica é provavelmente melhor descrita como um desequilíbrio na química que estabiliza o humor. Há substâncias químicas no cérebro que ajudam a regular seus sentimentos. Essas substâncias são responsáveis por manter o humor em equilíbrio. Os cientistas estão fazendo avanços importantes na descoberta de como essas substâncias regulam exatamente o humor e o comportamento. Quando os níveis de certas substâncias químicas estão muito baixos, o humor pode ficar deprimido. Embora os cientistas não estejam certos sobre o que causa a diminuição desses níveis, cada vez fica mais claro que certas circunstâncias e situações podem aumentar a probabilidade de depressão. A morte de um ente querido, eventos catastróficos como perda de um emprego, falência financeira ou pegar uma doença séria são situações nas quais a depressão pode ocorrer.

Em algumas famílias, a Depressão Clínica é comum. Assim como ocorre com outros distúrbios médicos, há casos em que a depressão parece ser uma doença hereditária. Se alguém na sua família, especialmente algum parente em primeiro grau (pais, avós, irmãos), sofre de Depressão Clínica, seu risco de desenvolvê-la aumenta.

A dor e o sofrimento causados pela depressão clínica afetam não apenas a pessoa com o distúrbio, mas a todos que se importam com ela. Esse impacto pode se estender ao local de trabalho, já que com os sintomas da depressão o funcionamento normal do trabalho torna-se particularmente difícil. É comum a pessoa deprimida perceber que sua atuação no trabalho se deteriora conforme seus sintomas

INTRODUÇÃO

pioram. As pessoas com depressão tiram mais licenças médicas, pois a Depressão Clínica pode ser uma enfermidade bastante incapacitadora. Espera-se que a depressão se torne a segunda causa de incapacidade em todo o mundo até 2010.

Por causa dos altos custos com assistência médica e da diminuição de renda devido a perda do emprego, a depressão pode ser um distúrbio bastante caro. O mesmo é verdade para os cofres públicos. Em 1990, a depressão e outros Transtornos de Humor custaram só nos Estados Unidos mais de 40 bilhões de dólares, em grande parte devido à perda de produtividade.

Muitas das descobertas que apresentamos neste livro vêm do estudo da *RAND*[1] *Partners in Care*. Este estudo clínico, que começou no meio da década de 1990, procurou meios de melhorar a qualidade dos cuidados da depressão em práticas médicas de cuidados primários. A maioria das pessoas com depressão procura primeiro seu médico de família. O estudo buscou ajudar esses médicos a reconhecer e tratar sintomas depressivos. Este estudo também treinou coordenadores de enfermagem e acrescentou recursos para oferecer psicoterapia.

Ao ler os capítulos você encontrará citações dos participantes do estudo. São pessoas reais que foram gentis o suficiente para compartilhar suas experiências individuais com você. Esperamos que ao lê-las você perceba que não está sozinho.

Desejamos sinceramente que este livro o beneficie. A vida pode ser dolorosa agora, mas não precisa permanecer assim. Como dizemos durante todo o livro, há esperança.

---

1. RAND – contração para o termo "Research and development" (Pesquisa e desenvolvimento). Instituição norte-americana sem fins lucrativos que auxilia a fomentação de políticas e tomadas de decisão no campo da pesquisa e análise.<http://rand.org.br/>. Acessado em 14/10/2002.

CARTA AO LEITOR

A HISTÓRIA E AS DESCOBERTAS
DO *PARTNERS IN CARE*

Ser um pesquisador é como ser um detetive e testemunha ao mesmo tempo. Você tenta entender um problema e trazê-lo à luz, então observa o que descobriu e guarda-o dentro de si, muitas vezes durante anos até que possa ser compartilhado publicamente em um artigo científico. Às vezes o que você "testemunha" é muito desagradável, como no caso dos estudos do impacto da depressão nas pessoas. Às vezes os pesquisadores tentam descobrir o que aconteceria se as coisas fossem diferentes – se os cuidados com a depressão fossem melhores, por exemplo. Há dois modos principais para tentar descobrir isso na medicina ou observando situações diferentes (como pessoas recebendo tipos diferentes de cuidados) ou criando novas situações (como uma intervenção para melhorar os cuidados) e observar o que acontece.

Como pesquisador, passei mais de dez anos sendo uma "testemunha" dos efeitos da depressão nas pessoas.[1] Aprendi que o impacto da depressão sobre a qualidade de vida e o seu funcionamento diário era igual ou maior do que o impacto da maioria das doenças consideradas mais sérias na medicina, como

---

1. WELLS, K.; STURM, R.; SHERBOURNE, C. e MAREDITH, L. *Caring for Depression.* Cambridge: Harvard University Press, 1996.

CARTA AO LEITOR

a diabete. Após a publicação destas descobertas, recebi várias cartas do público, em geral, pessoas deprimidas contando o quão se sentiam compreendidas e aliviadas pelo fato de o amplo impacto da depressão ter se tornado público para que todos pudessem entender. Aprendi com esse estudo que algumas pessoas procuram os cuidados de um especialista, como o psiquiatra ou o psicólogo, e outras buscam os cuidados de seu clínico geral. Ainda há outros que não procuram nenhum tipo de cuidado. Isto me preocupou, porque eu sabia, a partir do meu próprio treinamento, que os clínicos gerais tinham vários outros problemas médicos para atender quando viam pacientes deprimidos e poderiam não perceber a depressão. Aprendi que, apesar da disponibilidade de tratamentos efetivos, poucos (talvez 20% ou 30%) entre aqueles que visitam os clínicos gerais recebem tratamentos para a depressão que se encaixam nos padrões de bons cuidados ou "adequados" de acordo com os padrões nacionais norte-americanos.

Esse fato não atinge apenas a depressão. Um relatório recente do Instituto de Medicina Norte-americano documenta que muitas pessoas com sérios problemas de saúde física não recebem cuidados efetivos para tais sintomas e há muitos erros desnecessários nos tratamentos médicos. Isso é considerado um grande "problema de sistema" na medicina.[2]

Além de pesquisador, sou psiquiatra. Enquanto pesquisador posso ser uma testemunha, já como clínico, quero tentar fazer algo com os problemas que observo. Quando percebi, depois de dez anos de pesquisas, que muitos norte-americanos com depressão estavam

---

2. KOHN, Linda T.; CORRIGAN, Janet M. e MOLLA, S. Donaldson, editores. Committee on Quality of Health Care in America, Institute of Medicine. *To Err is Human: Building a Safer Health System*. Washington, DC: National Academy Press, 2000.

CARTA AO LEITOR

sofrendo durante longos períodos e que tal sofrimento estava afetando sua habilidade de viver bem, sentir prazer, trabalhar e ter amigos, procurei uma chance de descobrir como trabalhar por uma melhora. Senti que já sabíamos, que bons tratamentos causavam a recuperação de pacientes deprimidos. Porém o que eu queria descobrir era se programas praticáveis, para apoiar boas decisões de médicos e pacientes nas práticas reais de cuidados médicos da comunidade, poderiam melhorar as chances de pacientes deprimidos conseguirem bons tratamentos e se isso era diferença suficiente na prática da medicina para causar uma diferença real na vida das pessoas deprimidas submetidas a tais práticas.

Felizmente, a Agency for Healthcare Quality and Research, a principal agência federal que avalia a qualidade da assistência médica norte-americana, financiou nossa busca por respostas. Obtivemos um financiamento adicional para completar o estudo fornecido pela Fundação MacArthur e pelo Instituto Nacional de Saúde Mental.

Nossa equipe de cientistas trabalhou por cerca de um ano para estudar os melhores tratamentos disponíveis para a depressão, instruções nacionais de práticas e abordagens para melhorar os cuidados da depressão desenvolvidas por pesquisadores importantes (como Wayne Katon de Seattle e terapias desenvolvidas por Ricardo Munoz da Clínica de Depressão do Hospital Geral de São Francisco). Sob a direção de Lisa Rubenstein, uma residente, nossa equipe reuniu um amplo "*kit* de ferramentas" ou o que podemos chamar conjunto de estratégias para práticas que deve ser usado para educar pacientes e médicos além de fornecer a eles recursos (como programas de treinamento em terapia efetiva e gerenciamento de medicamentos) para um tratamento efetivo da depressão.

CARTA AO LEITOR

Recrutaram grandes clínicas de cuidados primários em todo os Estados Unidos (sul da Califórnia, sul do Colorado, San Antonio, Texas, Columbia, MD, Twin Cities, MN) para participar do estudo. Essas clínicas concordaram em fornecer parte de seus próprios recursos para ajudar a patrocinar o período de trabalho dos médicos para que pudessem participar, incluindo até a contratação de uma equipe para ajudar com as intervenções. Equipes de clínicos (cuidados primários, especialistas, enfermeiros) dessas clínicas vieram para fazer um treinamento centralizado, para aprender a usar o *kit* de ferramentas visando melhorar os cuidados dentro de suas clínicas. Isso incluiu, por exemplo, aprender como educar clínicos e pacientes sobre os princípios do bom cuidado de um tratamento qualificado. Também treinamos uma equipe especial dentro das clínicas – terapeutas e enfermeiras – para fornecer avaliações, cuidados coordenados e fornecer terapia e aconselhamento sobre a medicação.

Depois desse treinamento, as clínicas usaram os *kits* de ferramentas, com sua equipe já treinada, para tentar melhorar os cuidados com os pacientes. Treinaram seus clínicos gerais e encaminharam os pacientes aos enfermeiros, terapeutas e consultores treinados para ajudar a coordenar seus cuidados e fornecer os tratamentos. Com esses recursos especiais (chamados de "programas de melhoria de qualidade"), os médicos e os pacientes tomaram suas próprias decisões em relação ao tratamento. Puderam até mesmo decidir não usar as intervenções do estudo se não quisessem, puderam decidir não começar qualquer tratamento se isso fosse considerado pelo paciente e pelo médico a melhor alternativa.

Para avaliar o que aconteceu como resultado dos programas, o estudo comparou pacientes similares com depressão em clínicas,

CARTA AO LEITOR

chamadas clínicas de intervenção, que usaram esses programas de intervenção e pacientes de clínicas, chamadas clínicas de cuidados comuns, que não tinham esses programas. Os médicos das clínicas foram designados aleatoriamente a ter uma das intervenções ou não, portanto foi um tipo de tentativa randômica dos programas de intervenções. As clínicas de cuidados comuns receberam cópias das instruções nacionais de tratamento para a depressão, mas não receberam outras intervenções.

Depois de identificar os pacientes, tanto nas clínicas de intervenção quanto nas clínicas de cuidados comuns, o estudo coletou dados dos fornecedores, das clínicas e dos pacientes durante dois anos. Isto é, como pesquisadores "observamos" o que aconteceu. No total 181 médicos de cuidados primários participaram em 42 clínicas. Mais de 23 mil adultos foram classificados para depressão nessas clínicas e 1.356 com depressão provável foram registrados. Cerca de dois terços foram para clínicas de intervenção e um terço para clínicas de cuidados comuns.

Embora tenha havido muito planejamento no estudo e no desenvolvimento das intervenções práticas, como o "mundo dá voltas", tais intervenções não seriam consideradas muito intensas. Já que o tratamento não foi imposto a ninguém, e ninguém (médicos ou pacientes) recebeu ordens de o que fazer em nenhum caso específico.

O que esse tipo de programa fez pelos pacientes com depressão? Vamos dividir essa pergunta em uma série de perguntas específicas.

O programa de intervenção foi possível para as clínicas? Descobrimos que sim, a maioria delas pôde implementar as características básicas dos programas de intervenção de "melhoria de qualidade". As enfermeiras responsáveis pela

CARTA AO LEITOR

administração dos medicamentos tiveram algumas das mais complexas responsabilidades. Descobrimos que para as partes menos estruturadas da intervenção, como o número de contatos de acompanhamento com pacientes sobre a sua medicação, houve muita variação nas clínicas e na verdade a maioria dos pacientes não recebeu todas as visitas de acompanhamento recomendadas sob o modelo da intervenção.

Pacientes que receberam os programas de estudo obtiveram um tratamento efetivo para a depressão? Sim, mais pacientes deprimidos receberam tratamento efetivo pelos padrões nacionais norte-americanos caso estivessem em uma clínica com um programa de intervenção, em vez de uma clínica de cuidados comuns. A porcentagem com tratamento efetivo em seis meses foi cerca de 45% nas clínicas de intervenção, comparados aos 35% nas clínicas de cuidados comuns. Isto é, com esse tipo de programa de "apoio à informação", o índice de efetividade subiu cerca de dez pontos percentuais – não é uma grande mudança, mas suficiente para ver que, passo a passo, a melhoria nos cuidados da depressão aprimora a vida dos pacientes.

Mais pacientes se recuperaram sob os programas especiais? Sim, por cerca de dez pontos percentuais, mais pacientes se recuperaram de uma depressão séria em seis meses e em um ano sob os programas especiais, comparados com os cuidados comuns. Na verdade, também descobrimos que para alguns dos programas especiais (aqueles que especificamente localizavam a melhoria da disponibilidade de uma psicoterapia efetiva para a depressão), a melhoria na qualidade de vida perseverou bem num segundo ano de acompanhamento, em relação aos pacientes em uma clínica de "cuidados comuns" sem programas especiais. Esse é um período de tempo bastante longo para mostrar melhorias nos pacientes e

CARTA AO LEITOR

especialmente para uma intervenção "sutil" com decisões flexíveis tomadas por pacientes e médicos.

Quanto ao emprego e ao funcionamento? Aqui temos algumas grandes surpresas. Descobrimos que não apenas a depressão melhorou, mas também os pacientes nas clínicas com programas especiais estavam mais propensos a permanecer empregados e a se reintegrar à vida profissional em seis, doze e dezoito meses. Depois de um ano, pelo menos mais de 5% dos pacientes dos programas especiais estavam trabalhando, em comparação aos pacientes do programa de cuidados comuns. O índice de desemprego nos Estados Unidos é de cerca de 5% (às vezes abaixo disso). Isto significa que os programas especiais norte-americanos reduziram o desemprego de pacientes deprimidos a um nível equivalente ao índice de desemprego do país! Isso demonstra um grande benefício dos programas. Durante dois anos, os pacientes de intervenção tiveram cerca de um mês a mais no emprego do que os pacientes dos cuidados comuns, tudo por obter melhores informações e apoio para conseguir tratamento efetivo da depressão, sem ser forçado a qualquer decisão!

Essas descobertas parecem ser uma boa evidência da eficácia, já que quando falamos sobre assistência médica, as pessoas geralmente perguntam se os benefícios foram maiores do que os custos.

Qual foi o valor ou "custo/benefício"? Também observamos essa questão e descobrimos que o custo total para a sociedade norte-americana ao fornecer o programa durante dois anos foi cerca de 500 dólares por paciente; e isso nos levou a cerca de um mês a mais no emprego (que vale mais de 500 dólares para muitas pessoas) e o equivalente a um mês inteiro se sentindo completamente bem (sentimento que se estendeu durante os dois anos de acompanhamento). Transferimos a pergunta para você, esses 500 dólares (para a sociedade)

CARTA AO LEITOR

parecem valer a pena? Esse valor está dentro da faixa de benefícios esperados por dólar gasto para muitos tipos de tratamentos médicos que são utilizados hoje em dia nos Estados Unidos. Isso indica que estamos agindo, se você observar nossas decisões sobre assistência médica em outras áreas, como se esse fosse um bom valor.[3]

As pessoas de todas as áreas da sociedade se beneficiaram? Não tínhamos falado isso antes, mas esse estudo trouxe grandes amostras de pacientes das minorias (especialmente pessoas de origem latina) e muitas pessoas pobres ou de baixa renda. Portanto, as boas notícias das descobertas desse estudo, especialmente em termos de aprimoramento clínico, se aplicam aos diversos grupos étnicos.

Talvez a maior surpresa seja a melhoria no emprego e a melhoria no desenvolvimento econômico pessoal que se segue, por receber melhores oportunidades de conseguir tratamento efetivo da depressão. De muitas maneiras, essa descoberta é parte do porquê acreditamos que era importante levar a mensagem desse estudo ao público – de que as pessoas podem melhorar sua vida ao buscar ativamente e obter os cuidados de que precisam para a depressão.

Lembre-se de que para ajudar as pessoas a recuperarem sua vida, no estudo, passamos um ano descobrindo como ajudar suas clínicas a melhorar a capacidade de fornecer um tratamento efetivo! Isso mostra como pode ser difícil mudar o sistema de assistência médica e modificar o comportamento de médicos e pacientes. Mas, na realidade, não foi necessária nenhuma "ciência espacial" ou alta tecnologia para ajudar essas pessoas. Não utilizamos nenhum

---

3. SCHOENBAUM, M.; UNÜTZER, J.; SHERBOURNE, C.; DUAN, N.; RUBENSTEIN, L.; MIRANDA, J.; MEREDITH, L.; CARNEY, M. e WELLS, K. Cost-effectiveness of practice-initiated quality improvement for depression: Results of a randomized controlled trial. *Journal of the American Medical Association* 286 (11) (2001): 1325-30.

CARTA AO LEITOR

sistema complexo de computação (embora no futuro provavelmente haja um) e os médicos não utilizaram nenhum tratamento experimental ou nunca usado antes. Foi uma questão de fornecer explicações e informações e conectar as pessoas para que tomassem e apoiassem as boas decisões.

Decidimos escrever este livro para compartilhar com as pessoas os vários meios de obter a ajuda de que precisam para recuperar sua vida, baseado nessas várias descobertas e nas nossas experiências com esse estudo. Tentamos incluir desses anos de trabalho aquilo que seria de interesse ou ajuda ao público em geral.

Para mim, como diretor do estudo, é como um ciclo completo. Baseado no tratamento pessoal de pacientes, me interessei por aquilo que estava dificultando que muitas pessoas com depressão obtivessem um bom tratamento. Como pesquisador tornei-me uma testemunha e passei dez anos documentando e publicando o que vi. Claro que eu não estava sozinho nessa observação e presenciei o que meus colegas estavam descobrindo em outros estudos, incluindo as técnicas que desenvolviam para aprimorar a situação. Então, obtive muita ajuda na montagem de um estudo para ver o que aconteceria quando médicos e pacientes tivessem melhores informações e recursos para desenvolver parcerias para um tratamento da depressão efetivo. Assim, voltei à observação e assisti a tudo o que aconteceu. E os resultados me surpreenderam e me encorajaram. Observei que a boa vontade de muitos médicos e pacientes levou a esforços para melhorar os cuidados e eu vi a qualidade do tratamento dar um passo à frente (apenas um passo). Mas mesmo assim, os esforços dos pacientes foram surpreendentes para mim – a melhoria em sua vida, o sofrimento reduzido e a melhoria na sua capacidade de permanecer nos empregos. Esses

CARTA AO LEITOR

benefícios foram obtidos com um custo modesto, como caminham as intervenções na assistência médica.

Agora, com este livro, as informações voltam a você, ao público, aos consumidores, aos depressivos e aos entes queridos daqueles com depressão. É aqui que o ciclo se completa. Não podemos prometer que você será capaz de obter os cuidados de que necessita, mas esperamos que com este livro você tenha mais esperança e conhecimento além das ferramentas que o ajudarão a obter os cuidados necessários. Meus colegas e eu somos muito gratos pela oportunidade de escrever este livro e esperamos que seja útil para aqueles que sofrem de Depressão Clínica.

Sinceramente,

Kenneth B. Wells. M.D., M.P.H.
Pesquisador-dirigente do *Partners in Care*

CAPÍTULO 1

APENAS "MELANCOLIA", OU ALGO MAIS SÉRIO?

❝ *A Depressão significou que tive de enfrentar o mundo com uma visão diferente da maioria.* **❞**

De tempos em tempos todos enfrentam dias de tristeza, momentos em que nos sentimos para baixo e desencorajados. Na verdade, não seria possível acreditar numa pessoa que nega passar por tais momentos de desânimo ou "melancolia". Como todos têm momentos como esses, pode ser difícil reconhecer quando os sentimentos de tristeza são apenas a "melancolia" do dia-a-dia ou quando esses sentimentos apontam para uma doença séria.

Janet Jackson[1] enfrentava esse problema. Janet era uma mulher admirada por todos que a conheciam. Parecia "ter tudo". Era esposa, mãe de duas filhas e administrava sua própria imobiliária. Ensinava na escola dominical e liderava um ativo grupo de bandeirantes. Qualquer pessoa que perguntasse a ela como se sentia receberia a mesma resposta de que, apesar de estar extremamente ocupada, ela realmente gostava da vida que levava.

Contudo, alguns meses depois de seu 35º aniversário, algo mudou. Durante um período de várias semanas começou a passar por

1. Personagem fictício.

mais e mais dias em que se sentia "pra baixo" e "deslocada". Não houve nenhum evento específico que pudesse ser apontado como a causa. Seus negócios iam bem, apesar do lento mercado imobiliário, e não havia nada de errado com sua família. Não tinha acontecido nada fora do extraordinário. Mesmo assim, ela tinha dificuldades para dormir e se sentia cansada o tempo todo.

As coisas também não iam bem com seu grupo de bandeirantes. Ela não curtia mais as reuniões e as excursões. Os amigos comentaram que parecia cansada e insinuaram que ela trabalhava demais. Janet percebeu que estava com dificuldades para se concentrar quando um cliente importante encontrou vários erros nos documentos que ela havia preparado para apresentá-los ao banco. O cliente ficou furioso e ameaçou dispensá-la. Depois de discutir a situação com o marido, decidiu diminuir as horas de trabalho.

No entanto, a redução não ajudou. Janet continuou se sentindo infeliz e depois de estar assim por várias semanas, tinha poucas esperanças de voltar a se sentir bem.

O FATOR 'TEMPO'

Os sintomas são os primeiros sinais de alerta. São as maneiras que o corpo encontra para dizer que algo não está muito bem. Uma das primeiras e mais importantes maneiras de saber a diferença entre "melancolia" e Depressão Clínica é a duração dos sintomas. Na Depressão Clínica, os sintomas permanecem pela maior parte do dia, quase todos os dias por pelo menos duas semanas.

Como Janet se sentia mal por várias semanas e como quase não havia dias em que se sentisse bem, provavelmente estava sofrendo de algo mais do que um simples caso de "melancolia". Sua dificuldade em dormir e em se concentrar, combinada ao desânimo constante, podiam significar que estava sofrendo de Depressão Clínica.

A Tabela 1 traz as áreas da vida que são afetadas pela depressão.

Tabela 1.1 Dez coisas que se deve saber sobre a Depressão Clínica

A Depressão Clínica pode afetar:

1. Sono
2. Apetite
3. Pensamento
4. Capacidade de trabalhar
5. Esperança
6. Divertimento
7. Sexo
8. Relacionamento com familiares e amigos
9. Nível de energia
10. Desejo de viver

QUAIS SÃO OS SINTOMAS DA DEPRESSÃO CLÍNICA?

A sintomatologia das pessoas com Depressão Clínica podem durar semanas, meses ou até mesmo anos. Novamente, o principal aviso é a duração dos sintomas. Eles estão presentes na maior parte do dia, quase todos os dias, por pelo menos duas semanas.

Há muitos sintomas diferentes associados à Depressão Clínica. Entretanto, é importante entender que a Depressão Clínica não afeta a todos da mesma maneira. Nem todos experimentam o mesmo grupo de sintomas e a intensidade deles pode variar. Os sintomas podem ser leves, moderados ou severos. Podem variar desde aqueles que causam pequeno desconforto pessoal até aqueles que causam grande sofrimento, rompendo a capacidade de funcionar em casa e no trabalho. Uma regra geral é que quanto mais sintomas a pessoa apresenta, maior as chances de estar sofrendo de Depressão Clínica.

Observe a lista das descrições dos tipos de sentimentos que podem ocorrer durante um episódio de Depressão Clínica.

VENCENDO A DEPRESSÃO

Uma pessoa com Depressão Clínica geralmente apresenta vários desses sintomas.

SINTOMAS DA DEPRESSÃO

1. Semanas aparentando ou sentindo desânimo ou tristeza

As pessoas com esse sintoma podem não conseguir falar sobre a tristeza que sentem. Mas, ao observar sua expressão, familiares e amigos percebem a tristeza facilmente. Choram com facilidade e as lágrimas são mais abundantes do que o normal. Quando questionadas do porquê, não sabem dar um motivo.

Ficar triste ou chateado é comum quando alguém sofre um impacto severo, como perder o emprego, problemas familiares, dificuldades no relacionamento ou problemas financeiros. Como sentimentos de tristeza em circunstâncias difíceis são compreensíveis, algumas pessoas têm a tendência de ignorar ou menosprezar um estado persistente de tristeza. Sua tristeza é atribuída à sua situação na vida.

As pessoas que *não* estão clinicamente deprimidas se sentem melhor conforme a situação melhora. Se sentem encorajadas quando algo bom acontece. Já na Depressão Clínica, o humor permanece deprimido independente das boas notícias.

Para alguns, a tristeza vem sem aviso. Na verdade, tudo pode estar bem. Há um tipo de Depressão Clínica que atinge as novas mães algumas semanas após o nascimento de seus filhos. No meio de tal evento feliz, sua tristeza e sofrimento são tão devastadores que as confundem, assim como a seus familiares. Há mais detalhes sobre esse e outros tipos de depressão no Capítulo 2.

2. Sentindo "apatia" ou "vazio"

Em vez de se sentir triste ou melancólico, alguns dizem que não sentem "nada". Tais sentimentos podem ser muito assustadores. Aqueles que se sentem assim experimentam uma apatia profunda ou um vazio interior. Ouvir boas ou más notícias não faz diferença. Nada os faz sentir melhor. Alguns descrevem isso como sentir-se um "zumbi" ou um robô. Simplesmente passam pela vida sem se envolver ou se empolgar com nada.

3. Perdendo interesse por coisas que costumavam ser agradáveis

"Senti que escorregava cada vez para mais longe de meus amigos e familiares. Parei de namorar. Não tinha interesse em sexo. Me entreguei. Eu costumava pedalar 80 quilômetros dia sim dia não. Agora não faço nada. **"**

A Depressão Clínica faz com que as pessoas percam o interesse por atividades que costumavam achar agradáveis. *Hobbies* como pescar, jogar boliche, ler, fazer crochê, fazer compras e praticar esportes não são mais divertidos nem ao menos valem o esforço. As pessoas clinicamente deprimidas perdem o interesse tanto na atividade quanto na capacidade de sentir prazer enquanto realizam algo. Alguns até mesmo perdem seu desejo e interesse pelo sexo.

4. Dificuldades de se concentrar, pensar, lembrar ou tomar decisões

Na Depressão Clínica, as pessoas têm dificuldade em se concentrar e prestar atenção aos detalhes. Perdem o foco. Os primeiros sinais são problemas ao ler ou ouvir. Pensar se torna um processo longo e cansativo. Isso pode ser um transtorno especialmente para os idosos, principalmente para aqueles que já têm problemas de memória.

Esses sintomas podem ter um impacto negativo na capacidade de trabalho da pessoa. Aqueles que não conseguem se concentrar têm dificuldades de seguir instruções simples e não podem concluir suas tarefas a tempo.

Perder a capacidade de se concentrar não causa impacto apenas naqueles que trabalham em funções que exigem muita leitura. Esse sintoma pode ter conseqüências sérias para aqueles que possuem cargos perigosos em que a segurança é uma preocupação central. Qualquer emprego que exija um alto nível de vigilância e atenção pode ser afetado.

Problemas de memória são comuns em pessoas que perderam a capacidade de focalizar e prestar atenção. Lembrar coisas importantes se torna um problema. A maioria das pessoas já viveu a experiência de entrar em uma sala para pegar algo e esquecer o que tinha ido buscar. Esse tipo de coisa é comum.

Os problemas de memória da Depressão Clínica são diferentes, são mais graves. As pessoas podem esquecer datas importantes ou o nome de um amigo da família. Felizmente, na depressão, esses sintomas são temporários. Isso se resolve assim que o episódio depressivo termina.

5. *Dificuldade para dormir*

"Começo a adoecer geralmente quando começa minha dificuldade para dormir. Fico realmente deprimida e paranóica. **"**

Um dos sintomas mais comuns da depressão é a dificuldade de pegar no sono e continuar dormindo. É muito comum que as pessoas deprimidas reclamem por ficar horas na cama, de olhos abertos, incapazes de pegar no sono. Então, depois de conseguir dormir, viram para um lado e para o outro, acordando após algumas horas. Depois não conseguem voltar a dormir. Ficam na cama, exaustas, até que chegue a hora de se levantar. Mesmo aqueles que pegam no sono facilmente reclamam que acordam muito mais cedo do que de costume. Essas pessoas passam o resto do dia muito cansadas. A insônia combina problemas de baixa energia e fadiga.

Um problema menos comum, mas igualmente perturbador, é dormir *demais*. As pessoas com esse sintoma têm dificuldade em ficar acordadas. Apesar de dormir horas demais, pegam no sono durante o dia e têm dificuldade em acordar pela manhã. Embora durmam demais, nunca se sentem descansadas.

6. *Perda de energia e motivação*

"... entro em depressão com sentimentos de inutilidade ou uma sensação de que 'já não me importo mais' quando é hora de colocar os sapatos e levantar... é preciso muito esforço só para me vestir de manhã. **"**

Sentir-se cansado é comum quando se enfrenta uma vida agitada. A fadiga pode ser um sinal saudável de que o corpo precisa descansar. O nível de fadiga vivido por pessoas deprimidas é diferente do tipo de fadiga que vem do trabalho em excesso. É mais profundo, mais intenso e, em muitos casos, incapacitador.

Às vezes, os familiares e amigos percebem que a pessoa que sempre teve orgulho de sua aparência não parece mais estar interessada no seu visual. No passado ela era cuidadosa com sua maquiagem e especialmente com as roupas. Agora não dá mais importância ao fato de as roupas estarem amassadas ou até mesmo sujas. Quando questionada sobre a mudança, diz que está cansada demais para se importar.

Alguém que geralmente é bem organizado, que realiza suas tarefas rapidamente, começa a estourar prazos. Reclama que embora esteja dormindo muito, não tem a mesma disposição de antes. Chega tarde ao trabalho e tira licenças médicas com muita freqüência.

VENCENDO A DEPRESSÃO

A exaustão da depressão, acrescida dos problemas com atenção e concentração, dificulta a realização de atividades normais do dia-a-dia. Tarefas que parecem simples para os demais, são difíceis, quase impossíveis, para alguém severamente deprimido. Tomar banho ou se vestir de manhã é mais do que alguns podem agüentar. Perdem a vontade de fazer coisas que exigem um esforço mínimo. Têm problemas com atividades comuns simplesmente porque não têm energia, e o descanso ou alguns dias de folga não fazem com que a sensação de cansaço vá embora.

7. *Mudança no apetite e hábitos alimentares*

" *Três meses atrás emagreci de 90 para 50 quilos. Meus médicos, que ainda consulto, ficaram extremamente preocupados comigo. Eu não me importava se iria viver ou morrer e chorava o tempo todo.* **"**

A Depressão Clínica afeta o apetite. Muitos depressivos perdem o interesse pela comida. Comem menos e saltam as refeições sem se preocupar. Perdem muito peso sem tentar. Podem perder até cinco quilos durante um período de poucas semanas. Às vezes só percebem o que aconteceu quando suas roupas já estão folgadas demais.

Embora a perda de apetite seja um sintoma mais comum, há aqueles que comem mais do que o normal. Parece que não são capazes de controlar a alimentação e ganham peso. Apesar de comerem mais, a comida os agrada menos ou não os agrada nada.

8. *Mais irritação, nervosismo ou agitação*

" *Também fico confusa e não sei o que fazer. Chego ao ponto em que não consigo pensar e não sei o que acontece, o que faço ou o que digo! Preocupo a todos os meus familiares. Preocupo-me com meus filhos e todos os seus problemas. Todos os meus pensamentos passam pela minha cabeça. E fico apavorada! Fico apavorada porque não sei o que está acontecendo!* **"**

Além das outras mudanças de humor, os depressivos podem perceber que estão mais irritados do que de costume. As coisas que toleravam anteriormente agora os incomodam. Sentem-se nervosos ou "à beira de um ataque de nervos" na maior parte do tempo. Os entes queridos e os amigos percebem que eles estão nervosos ou irritados e que perdem a cabeça facilmente.

9. *Sentindo-se inútil ou culpado*

> **"**Você se sente tão inútil e está sofrendo tanto que tudo o que quer é que a dor desapareça. Tudo o que você quer é ser feliz e importante. Para ser forte, seguir em frente e fazer coisas, para ajudar os outros e não se sentir tão inútil. **"**

A auto-estima está muito baixa nas pessoas que sofrem de Depressão Clínica. As pessoas que se sentem inúteis, que não têm nada para contribuir consigo e com os outros, sentem que sua vida não é importante e não tem significado.

Alguns começam a se censurar por coisas que estão além do seu controle. Na depressão, podem se sentir extremamente culpados por coisas mínimas que aconteceram há muito tempo. Pode ser uma coisa que não pensavam há anos. Alguns se sentem culpados por estarem deprimidos. Perdem a perspectiva. Sem qualquer evidência, acreditam que fizeram algo errado.

A culpa contribui com os sentimentos de inutilidade e, até que seu humor retorne ao normal, oferecer conforto não resolve.

10. *Falta de esperança, incluindo pensamentos de morte ou suicídio*

> **"**Tudo na vida parece sem sentido e frustrante. Estou tendo dificuldades para encontrar um lugar feliz para mim ... Tento manter as coisas em perspectiva e me manter ocupada, mas às vezes me sinto numa luta de boxe, indo ao chão pela terceira vez. **"**

VENCENDO A DEPRESSÃO

Um dos sintomas mais problemáticos e assustadores é a desesperança. Muitos com depressão sentem um desespero profundo. Têm medo de que as coisas nunca ficarão melhores. Alguns se convencem de que nada os ajudará e começam a desejar a morte. Sentem que seria melhor se morressem. Nos casos piores, fazem planos de suicídio.

11. *Dores corporais freqüentes ou problemas de digestão*

"Depois de dois meses, as coisas se agravaram ... Eu tinha dores de cabeça, palpitações, diarréia e tontura. Não conseguia mais trabalhar bem e tive de tirar uma licença médica. **"**

Às vezes as reclamações físicas são os sintomas mais proeminentes de uma depressão. Dores físicas, irregularidade no intestino e problemas de digestão são comuns. Esses sintomas podem ser confusos e podem levar as pessoas a concluir que seus problemas são apenas físicos. Os exames médicos, no entanto, geralmente não encontram uma doença que explique a gravidade dos sintomas.

12. *Isolamento de familiares e amigos*

"O que vivi foi muita solidão e eu não me sentia parte da família ou do grupo. Parecia que eu estava caminhando numa neblina, numa sombra, que não estava realmente lá. Sentia-me muito cansada e só queria acabar com tudo. Apenas sair desse mundo. Sentia como se tudo o que pudesse dar errado realmente desse errado por minha culpa. Eu não queria participar de nada. Realmente me sentia muito sozinha e vazia. 'A vida não é justa'. **"**

Muitas pessoas que sofrem de depressão têm dificuldades de ficar perto dos demais. Isso inclui familiares e amigos íntimos. Se isolam e não querem participar da família e de outras atividades em grupo. Embora não gostem de ficar sozinhas, elas não têm disposição para se socializar.

13. Pensamentos e experiências anormais

"Depois de dois meses as coisas pioraram. Mais estresse, mais pressão. Era demais. Sentia-me como se estivesse perdendo a cabeça. Fiquei com medo de tudo, desde ir ao trabalho até jantar com um amigo. **"**

Quando a depressão se torna severa, o depressivo pode começar a ter pensamentos e experiências estranhas. Imaginar que vozes estão conversando com ele ou fazendo críticas; sentir que alguém quer fazer-lhe mal sem qualquer indício; acreditar que algo está terrivelmente errado com seu corpo, apesar de estar fisicamente saudável, são alguns dos terríveis sintomas que ocorrem na depressão severa.

14. Mudanças nas atividades físicas

"A depressão realmente começou a me dominar. Comecei a diminuir o ritmo, não que eu quisesse isso – meu corpo físico me obrigou. Foi muito difícil admitir estar com problemas os quais não podia resolver sozinha. A depressão começou a piorar. Sentia-me inútil. Eu não podia fazer tudo o que fazia antes, não importava o quanto tentasse me forçar e esquecer os problemas, a dor sempre estava lá no físico e no mental ... Ninguém entendia – especialmente minha família – por que eu não conseguia ser a 'Super Mãe' e a 'Super Esposa' de antes. **"**

Algumas pessoas deprimidas percebem que demoram mais para realizar as tarefas diárias em casa e no trabalho. Perece que estão vivendo em "câmera lenta". Atividades como se vestir, comer e caminhar demoram muito mais do que o usual. Mesmo com muito esforço, as pessoas que estão deprimidas não conseguem acelerar ou fazer tudo num ritmo normal. Isso pode causar muita frustração e confusão.

Sentir-se ativo, enérgico ou frenético são outros sintomas físicos vistos na Depressão Clínica. Muitas pessoas deprimidas têm

VENCENDO A DEPRESSÃO

dificuldades de ficar paradas e reclamam por se sentirem ansiosas e nervosas na maior parte do tempo. Independente do que está acontecendo ao seu redor e apesar do conforto oferecido pela família e pelos amigos, nada pode acalmá-las.

Se você apresenta qualquer um desses sintomas e os experimenta quase todos os dias por pelo menos duas semanas, pode estar sofrendo de Depressão Clínica. Ela e a "melancolia" podem parecer muito similares, mas não são a mesma coisa. A "melancolia" faz com que você se sinta mal, mas não é tão séria quanto a depressão.

A depressão pode afetar todos os aspectos da vida de uma pessoa. A diferença entre "melancolia" e um episódio depressivo é similar à diferença entre pegar um resfriado e ter uma pneumonia. Tanto a depressão quanto a pneumonia precisam de tratamento.

A Tabela 1.2 lista os sintomas chave da depressão. Revisá-la o ajudará a determinar se você tem os sintomas que caracterizam a Depressão Clínica.

Tabela 1.2 Coisas que estou vivendo

(Marque os sintomas que está vivendo ou já viveu nos últimos meses, então indique o quanto tal sintoma afeta você.)	
✓ **Sintoma e Problema-chave**	**Este sintoma afeta você durante pouco, algum ou muito tempo?**
Sentir-se triste ou "vazio"	____Pouco ____Algum ____Muito
Perda de interesse em atividades que costumavam ser agradáveis como sexo, esportes, leitura ou música	____Pouco ____Algum ____Muito
Dificuldade de concentrar, pensar, lembrar ou tomar decisões	____Pouco ____Algum ____Muito
Dificuldade para dormir ou dormir demais	____Pouco ____Algum ____Muito

Tabela 1.2 Coisas que estou vivendo

Perda de energia ou sentir-se cansado	____Pouco ____Algum ____Muito
Perda de apetite ou comer demais	____Pouco ____Algum ____Muito
Perder peso ou engordar sem se esforçar para tal	____Pouco ____Algum ____Muito
Chorar ou sentir vontade de chorar	____Pouco ____Algum ____Muito
Sentir-se irritado ou "no limite"	____Pouco ____Algum ____Muito
Sentir-se inútil ou culpado	____Pouco ____Algum ____Muito
Sentir-se sem esperança ou negativo	____Pouco ____Algum ____Muito
Pensar em morte, incluindo pensamentos suicidas	____Pouco ____Algum ____Muito
Dores de cabeça e no corpo freqüentes	____Pouco ____Algum ____Muito
Problemas estomacais e digestivos com irregularidade no intestino	____Pouco ____Algum ____Muito
Outros Sintomas:	____Pouco ____Algum ____Muito
	____Pouco ____Algum ____Muito
	____Pouco ____Algum ____Muito

MITOS SOBRE A DEPRESSÃO

Há vários mitos e mal-entendidos sobre a Depressão Clínica. O fato de a maioria das pessoas ter acesso limitado à boa informação em grande parte é o responsável. Isso acrescenta ao estigma que aflige aqueles com problemas emocionais e impede que muitos busquem ajuda. A seguir você verá alguns dos mitos mais comuns, além de uma breve explicação do porquê são falsos.

VENCENDO A DEPRESSÃO

1. Mito: "É minha culpa. Devo ter feito algo errado".

Realidade: A Depressão Clínica é um distúrbio médico causado por uma combinação complexa de fatores genéticos, biológicos, sociais e ambientais. A dor intensa, o sofrimento e a tristeza ocasionadas por esse distúrbio não é culpa de ninguém.

2. Mito: "Esses sentimentos são sinais de fraqueza pessoal ou falha de caráter".

Realidade: Algumas pessoas com depressão pensam que sua doença é um sinal de fraqueza. Isso é realmente muito triste, pois elas não percebem que seu sofrimento é resultado de uma doença clínica.

Essa impressão é reforçada quando os outros lhes dizem que elas estão apenas resmungando ou exagerando. Isso significa que, se fossem mais fortes, seus problemas desapareceriam. Os efeitos emocionais e físicos da depressão não podem ser superados apenas tentando "vencê-los à força".

3. Mito: "Pessoas religiosas não deveriam ficar deprimidas".

Realidade: Ninguém diria que pessoas religiosas não deveriam ter artrite ou diabete. A Depressão Clínica não é diferente de qualquer outra condição médica. Qualquer pessoa pode desenvolver um distúrbio clínico e qualquer um pode ficar deprimido.

4. Mito: "É vergonhoso ter problemas emocionais".

Realidade: Parte da vergonha associada à depressão vem da crença de que as pessoas podem controlar como se sentem. Se isso fosse verdade, ninguém jamais teria um dia ruim. Assim como não há vergonha em ter pressão alta, não há vergonha em sofrer de Depressão Clínica.

5. Mito: "Tenho de lutar contra isso, porque ninguém pode me ajudar".

Realidade: A maravilhosa notícia sobre a Depressão Clínica é que há muitos tratamentos bem-sucedidos. Há ajuda, mas encontrá-la nem sempre é fácil. Este livro pode servir como guia.

6. Mito: "Pessoas com muito dinheiro e amigos não ficam deprimidas".

Realidade: Nem a saúde nem a fama servem de proteção contra a depressão. Como você lerá nos capítulos seguintes, qualquer pessoa – independente de sua renda ou classe social – pode ficar deprimida.

7. Mito: "Pôr fim à minha vida é a única solução".

Realidade: As pessoas têm sentimentos suicidas quando não encontram saída e desistem da possibilidade de um dia voltar a se sentir bem. Há um ditado: "o suicídio é uma solução permanente para um problema temporário". As pessoas com depressão não estão fadadas a uma vida de miséria eterna. Há ajuda e há esperança.

8. Mito: "Crianças e adolescentes não ficam deprimidos".

Realidade: Embora menos comum nos jovens, a depressão também acontece com eles. Entretanto, freqüentemente passa despercebida, pois as pessoas não esperam que crianças experimentem sintomas depressivos. Crianças e adolescentes também ficam deprimidos. Os sintomas, no entanto, são um pouco diferentes nos grupos dessa faixa etária. O Capítulo 6 discute algumas das questões especiais relacionadas à depressão dos jovens.

9. Mito: "Eu não deveria contar a ninguém sobre estes sentimentos".

Realidade: Ficar quieto é uma das piores coisas a fazer. As pessoas com sintomas depressivos precisam de ajuda. É importante

VENCENDO A DEPRESSÃO

boa avaliação e conversar com um profissional qualificado. Os familiares e entes queridos podem fornecer apoio, mas a recuperação completa exige mais. O Capítulo 4 explora maneiras de obter a ajuda necessária.

10. *Mito: "Pessoas pobres não se dão ao luxo de ficar deprimidas".*

Realidade: Transformar a saúde em prioridade é difícil quando o dinheiro é escasso. É importante saber que as pessoas pobres podem estar em grande risco de desenvolver depressão. O estresse contínuo de administrar a vida dentro de recursos limitados pode torná-las mais vulneráveis a esse distúrbio.

CAPÍTULO 2

O QUE É DEPRESSÃO E QUAL É A CAUSA?

A depressão não é uma doença nova. A história nos mostra que as pessoas têm sofrido de depressão pelo mesmo período em que os humanos têm andado sobre a terra. Desde os primórdios, os curandeiros registraram sintomas idênticos àqueles que vemos hoje na Depressão Clínica. Escritos do Egito antigo, Roma, Arábia e Ásia documentam que os médicos reconheceram todos esses sintomas como uma única doença. Hipócrates, médico grego que viveu a cerca de 400 a.C., chamou-a de "melancolia" pela tristeza avassaladora daqueles que sofriam de tal doença.

Por toda a história, a depressão tem afetado pessoas de todas as nacionalidades, cores e credos, incluindo personalidades. Napoleão, César, Karl Marx e Vincent van Gogh são alguns dos personagens históricos famosos que tiveram problemas de humor que hoje poderiam ser diagnosticados como doenças depressivas. Celebridades atuais que assumiram publicamente estar sofrendo de depressão incluem Rosie O'Donnell, Rosemary Clooney, Tipper Gore, Janet Jackson e Angelina Jolie.

VENCENDO A DEPRESSÃO

O QUE É "HUMOR"?

Humor é uma palavra que descreve seu estado de espírito. Expressa seus sentimentos e emoções. Feliz, infeliz, alegre, irritado, nervoso e relaxado são algumas expressões usadas quando se fala de humor. Além de descrever como você se sente, o humor também expressa sua visão de mundo. Em outras palavras, seu humor comunica como você se sente sobre você e sobre o mundo ao seu redor.

Freqüentemente, reconhecemos o humor de uma pessoa por sua expressão facial, mas também podemos dizer como alguém se sente pela maneira como anda e como se movimenta. Uma mulher que caminha lentamente arrastando os pés com sua cabeça para baixo e cara amarrada provavelmente não está muito feliz.

Há uma ampla variedade de humores que podem ser descritos como "normais". Como você sabe, seu humor pode variar dia após dia, até mesmo momento após momento, dependendo do tipo de coisas que acontecem. Quando os médicos falam sobre humor normal ou estável, o que querem dizer é que a pessoa está se sentindo bem. Há o senso comum de que as emoções estão estáveis e sob controle.

Isso *não* significa que uma pessoa com humor estável sempre esteja feliz. Uma pessoa com o humor normal, apesar de ocasionalmente ter um dia deprimido, geralmente se sente confiante de que pode lidar com a maioria das coisas sem muita dificuldade.

O humor perturbado é uma marca da Depressão Clínica que pertence ao diagnóstico conhecido como "Transtorno do Humor". Ainda não sabemos a causa exata da Depressão Clínica; entretanto, reconhecemos que algumas das mesmas coisas que causam sérios sofrimentos emocionais, como passar por um evento ruim ou catastrófico, são associadas a um maior risco de desenvolver a Depressão Clínica.

O QUE É DEPRESSÃO E QUAL É A CAUSA?

MUDANÇAS QUÍMICAS NA DEPRESSÃO

"_Penso que às vezes na sua vida certas situações ou circunstâncias podem ajudá-lo a atravessar a depressão assim como também podem piorá-la. A verdade é que ela sempre está lá, aquele desequilíbrio químico no cérebro que ameaça sua vida todos os dias, mesmo que não esteja ciente dela nem as pessoas à sua volta._ **"**

Embora a causa direta da Depressão Clínica ainda não seja conhecida, há um campo de informações científicas, em rápido crescimento explorando as mudanças químicas que acontecem no cérebro durante um episódio de depressão. Há pouco tempo, os pesquisadores descobriram substâncias químicas no cérebro que estabilizam o humor. Essas substâncias influenciam, e até mesmo determinam, como uma pessoa se sente, pensa e age. Boa parte dessas informações vêm da pesquisa sobre os tipos de substâncias químicas que aliviam os sintomas depressivos.

Essas substâncias pertencem a uma categoria que carrega mensagens entre as células cerebrais. O termo usado para essas substâncias é _neurotransmissores_. Pesquisas atuais indicam que quando o nível de certos neurotransmissores está alto demais ou baixo demais o humor fica perturbado. A _Norepinefrina_ e a _serotonina_ são dois dos neurotransmissores mais importantes que se acredita serem capazes de regular o humor.

Até o momento, os cientistas não compreendem o que faz com que os níveis dos neurotransmissores mudem. De certo modo é como a velha questão: "O que veio primeiro – o ovo ou a galinha?" Sintomas dentro e fora do corpo interagem tão intimamente que é quase impossível determinar a seqüência real dos eventos químicos que levam a um episódio depressivo.

O pensamento atual sugere que os níveis de neurotransmissores mudam em resposta a muitas coisas. Vários pesquisadores especu-

VENCENDO A DEPRESSÃO

lam que os mesmos fatores associados a um maior risco de depressão também causam mudanças químicas no cérebro. A teoria é que essas substâncias químicas mudam e então produzem os sintomas típicos da depressão.

CONDIÇÕES E CIRCUNSTÂNCIAS QUE PODEM AUMENTAR AS CHANCES DE DESENVOLVER A DEPRESSÃO

Viver em circunstâncias terríveis, vivenciar situações ruins ou catastróficas, usar drogas e álcool, tudo isso aumenta a chance de desenvolver problemas de humor. Da mesma maneira, algumas doenças clínicas e a prescrição de alguns medicamentos provocam sintomas de Depressão Clínica.

Discutiremos alguns fatores comuns associados a um maior risco de Depressão Clínica. No entanto, é importante salientar que embora a maioria das pessoas com depressão vivencie uma ou mais dessas condições, algumas ficam deprimidas sem apresentar qualquer risco conhecido. Uma pessoa que vive em boas circunstâncias também pode ficar deprimida.

1. Histórico familiar

"... Acredito que meu pai mascarava sua depressão e timidez com o álcool ... Acredito que a depressão realmente pode ser uma doença hereditária, mas também acredito que certas situações podem torná-la parte de sua vida. Sei do que estou falando; lutei toda a minha vida contra o alcoolismo. É por isso que foi tão difícil para mim aceitar que tenho uma doença. **"**

Algumas famílias têm muitos membros que sofrem de um tipo de doença depressiva. Por causa dessa descoberta, os pesquisadores acreditam que há um componente genético em algumas formas de depressão. Dizer que uma doença é genética *não* é dizer que todos

O QUE É DEPRESSÃO E QUAL É A CAUSA?

em uma determinada família sofrerão de depressão, isso apenas significa que os riscos aumentam. Familiares diretos incluem seus pais, avós, irmãos e filhos.

2. *Perdas significativas ou eventos ruins*

Toda vida é tocada por situações que causam dor e sofrimento. As pessoas nem sempre respondem da mesma maneira, embora as circunstâncias sejam as mesmas ou similares. Cada indivíduo tem uma maneira única de responder ao estresse.

Embora cada pessoa responda à sua própria maneira, fica claro que aquelas que sofrem uma perda significativa ou aquelas cuja circunstância de vida é muito estressante, estão mais propensas a desenvolver a Depressão Clínica.

Algumas situações comuns que podem desencadear a depressão incluem: a morte de um ente querido – especialmente o cônjuge, os pais ou os filhos – separação forçada de pessoas queridas; o surgimento de uma doença séria em você ou em um ente querido; divórcio ou outros problemas conjugais ou de relacionamento; problemas financeiros e perda de emprego. A situação não precisa ser dramática para desencadear a Depressão Clínica. Dependendo das circunstâncias, a troca de emprego ou a ida de um filho para a faculdade podem parecer uma perda significativa.

Quando um ente querido morre, sempre há um período de luto. Este é um período de grande tristeza e vazio. Pessoas em luto vivenciam alguns sintomas iguais àqueles da Depressão Clínica; entretanto, a tristeza desaparece gradualmente com o tempo. Depois de cerca de um ano, a maioria das pessoas se ajusta e segue com sua vida.

Contudo, esse tipo de perda pode desencadear a depressão. Quando isso acontece, os sintomas se agravam em vez de melhorar

VENCENDO A DEPRESSÃO

com o tempo. Algumas pessoas definham até o ponto em que não conseguem mais manter a vida familiar e profissional.

A Tabela 2.1 pode ajudá-lo a avaliar se recentemente você vivenciou situações que tiveram um efeito adverso sobre você.

Tabela 2.1 Situações que vivenciei: Durante os últimos doze meses, qualquer uma dessas coisas aconteceu com você?

Alguém próximo a mim morreu	SIM	NÃO
Tive uma discussão séria com alguém que mora na minha casa	SIM	NÃO
Tive um problema sério com um amigo íntimo, parente ou vizinho que não mora em casa	SIM	NÃO
Eu me separei, divorciei ou terminei um relacionamento ou compromisso	SIM	NÃO
Tive discussões ou outras dificuldades com pessoas no trabalho	SIM	NÃO
Alguém se mudou da minha casa	SIM	NÃO
Fui demitido do trabalho	SIM	NÃO
Tive uma doença séria	SIM	NÃO
Tive pequenos problemas financeiros	SIM	NÃO
Tive grandes problemas financeiros	SIM	NÃO
Alguém próximo a mim teve uma doença ou ferimentos sérios repentinamente	SIM	NÃO
Eu, ou alguém importante para mim, tive problemas por causa de discriminação baseado na idade, sexo, raça ou etnia	SIM	NÃO
Perdi minha casa	SIM	NÃO
Outros sintomas:	SIM	NÃO

O QUE É DEPRESSÃO E QUAL É A CAUSA?

3. Doença Clínica

"Minha depressão foi causada por eu estar abatido por causa dos ferimentos no meu corpo ... que exigiram cirurgias e programas de reabilitação por dois anos ... Para mim, significava ser menos que um homem às vezes quando pensava não ser capaz de ajudar nas tarefas e serviços de casa. **"**

"Acredito que a minha depressão é resultado do Lúpus e seu tratamento. Tomo esteróides há 25 anos. Também faz 25 anos que evito sair ao sol ... Tornei-me bastante receoso e irritado. Ao mesmo tempo, esperavam que eu mudasse meu estilo de vida drasticamente. **"**

Algumas doenças clínicas, especialmente as nervosas e cerebrais, são associadas a um maior risco de Depressão Clínica. É comum que pessoas que sofrem de Mal de Parkinson, esclerose múltipla, tumores cerebrais ou derrames desenvolvam a Depressão Clínica em algum momento durante o curso de sua doença.

O risco também aumenta nos pacientes com câncer. Em alguns casos, como no câncer de pâncreas, a Depressão Clínica acontece antes de outros sinais da doença. A Tabela 2.2 lista algumas doenças clínicas que aumentam o risco de depressão.

VENCENDO A DEPRESSÃO

Tabela 2.2 Algumas doenças clínicas que podem aumentar o risco de depressão

Mal de Parkinson

Esclerose múltipla

Demência

Ferimentos na cabeça

Doenças da tireóide

Diabete

Doenças do fígado

Câncer

Tuberculose

Sífilis

AIDS

Hipertensão

4. Uso de drogas e/ou álcool

❝... Eu era usuário de álcool e tinha usado drogas recreativas no passado. Caí na armadilha e perdi toda a esperança. Foi durante um final de semana de bebedeira que fiquei tão deprimido que tentei cometer suicídio. Felizmente minha esposa estava lá para evitar tudo. Naquele momento, ela me fez contar para o clínico geral do nosso plano de saúde o que estava acontecendo comigo. ❞

Drogas e álcool são substâncias que alteram o humor rapidamente e de maneira drástica. O álcool é conhecido por ser uma substância que pode abaixar ou deprimir o humor. Pessoas que bebem demais aumentam seu risco de desenvolver a Depressão Clínica. O mesmo é verdade para muitas outras substâncias, incluindo as ilegais como heroína e cocaína.

O QUE É DEPRESSÃO E QUAL É A CAUSA?

No caso do álcool, distinguir entre o consumo social e os problemas de alcoolismo pode ser difícil. Há quatro questões chave que podem ajudá-lo a avaliar se a bebida é um problema para você. Estas questões estão na Tabela 2.3.

Tabela 2.3 O álcool é um problema para mim? Uma resposta "sim" para qualquer uma das questões pode indicar que você tem problemas com a bebida.

No último mês, houve um único dia em que você bebeu cinco ou mais copos de cerveja, vinho ou destilado?	SIM NÃO
Você já pensou que bebe em excesso?	SIM NÃO
Já houve um período de duas semanas em que você estava bebendo sete ou mais doses de bebidas alcoólicas (cerveja, vinho etc.) por dia?	SIM NÃO
Você já bebeu o equivalente a um quinto de bebida alcoólica em um dia? (Isso equivale a 20 doses ou três garrafas de vinho ou o equivalente a 18 latas de cerveja em um dia.)	SIM, mais de uma vez SIM, apenas uma vez NÃO

Kathyrn Rost, M. Audrey Burnam, G. Richard Smith. Desenvolvimento de Classificações para Transtornos Depressivos e Histórico de Distúrbios de Substâncias. *Medical Care* Vol.31, número 3, pp. 189-200.

Responder "sim" para qualquer uma dessas questões aponta para um problema potencial com o álcool. Responder "sim" para mais de duas questões aumenta a probabilidade de um sério problema com bebidas. Se você responder "sim" para qualquer uma das questões, você deveria conversar com seu médico sobre seus hábitos com o álcool.

Qualquer substância que leva ao vício pode alterar o humor e trazer os sintomas da depressão. Tais substâncias incluem anfetaminas como a Dexedrina e a Methedrina; inalantes como cola de sapato, cocaína e heroína; drogas psicodélicas como LSD; opióides como morfina e heroína; e fenciclidina (PCP).

VENCENDO A DEPRESSÃO

5. *Prescrição de medicamentos*

A depressão é um efeito colateral potencial de muitos tipos de prescrição de medicamentos. Algumas pessoas são mais sensíveis a esse efeito do que outras. Geralmente, somente um pequeno número de pessoas em uma dada medicação desenvolverão a Depressão Clínica.

Pesquisadores teorizam que, em alguns indivíduos, esses medicamentos alteram as substâncias químicas do cérebro. Felizmente, os efeitos são reversíveis. Os sintomas desaparecem quando o médico suspende a medicação.

A Tabela 2.4 lista alguns tipos de medicamentos que podem trazer a depressão como efeito colateral. Novamente, nem todas as pessoas que tomam uma dessas drogas desenvolvem a Depressão Clínica como um efeito colateral. Mesmo assim, se você está tomando uma medicação de qualquer um destes grupos, essa é uma informação que deveria ter.

Tabela 2.4 Medicamentos vinculados à Depressão Clínica

Drogas contra o Câncer

Medicamentos para a dor

Medicamentos para o coração

Medicamentos para a pressão sangüínea

Hormônios, incluindo os anticoncepcionais

Medicamentos para doenças nervosas e cerebrais

Alguns antibióticos

6. *Exposição à violência física ou sexual*

"Meu casamento foi um desastre ... Havia violência doméstica antes disso ser reconhecido, decepção, infidelidade, abuso verbal e psicológico. Não percebi que tudo isso estava causando minha depressão. **"**

O QUE É DEPRESSÃO E QUAL É A CAUSA?

Vítimas de abuso físico ou sexual e aqueles que vivem em circunstâncias em que a violência é uma ameaça constante apresentam maior risco de desenvolver depressão do que a média. Vítimas de estupro e outras agressões também representam alto risco.

Viver em situações de insegurança, seja em casa ou na comunidade, também aumenta a chance de desenvolver sintomas sérios. Trauma físico e emocional grave freqüentemente leva à Depressão Clínica.

7. *Pobreza*

"Viver sozinha; cuidar da minha casa e do meu jardim e ser aposentada com uma pequena renda mensal têm sido fatores que me trazem períodos de depressão. **"**

A situação socioeconômica difícil é outra condição que acarreta um alto risco de desenvolver a Depressão Clínica. A luta diária para sobreviver pode apresentar um preço alto demais. Aqueles que não têm dinheiro suficiente, que precisam fazer grandes esforços para conseguir comida, roupas e abrigo para si e para seus familiares estão muito mais propensos ao desânimo, ao desalento e ao desenvolvimento da depressão. Para as pessoas que estão desempregadas, a situação é especialmente difícil, porque elas podem não ter meios de obter ajuda. É um mito dizer que as pessoas de classe social baixa não ficam deprimidas.

8. *Histórico da Depressão Clínica*

"Aos 38 anos ... Terei de voltar a minha adolescência, quando comecei a lidar com a depressão. Minha primeira lembrança com depressão começou aos 13 anos... **"**

Vivenciar um episódio de Depressão Clínica, infelizmente, aumenta sua chance de ter outro acesso dessa enfermidade em algum momento durante sua vida. Cerca de metade daqueles diagnosticados

VENCENDO A DEPRESSÃO

com Depressão Clínica passam por um segundo episódio. Cerca de 70% daqueles com histórico de dois episódios seguem para um terceiro. O risco de depressão futura parece aumentar com cada episódio adicional. As razões para isso não são claras.

Um número muito pequeno segue numa série de episódios depressivos. Nesses casos, a doença parece acontecer em ciclos, com períodos de depressão que ocorrem entre fases de humor normal. As fases sem sintomas podem durar anos.

É muito importante as pessoas que vivenciam vários episódios de depressão aprendam os sinais de aviso dela, para que possam obter um tratamento imediato. Algumas podem precisar permanecer em tratamento mesmo quando estão se sentindo bem.

9. *Mudança hormonal*

"Durante meus 61 anos, estive deprimida cerca de quatro vezes. A primeira, foi logo após o nascimento do meu primeiro filho. As mudanças hormonais e a falta de sono, além das exigências de um bebê, parecem ter sido algumas das causas. **"**

Os hormônios são substâncias químicas que circulam pelo corpo ajudando nossas células a funcionar normalmente. Eles regulam o metabolismo do corpo e também podem afetar o pensamento, os sentimentos e o comportamento. Órgãos internos chamados *glândulas* são responsáveis por sua produção.

Há muito tempo os médicos descobriram que pessoas com problemas glandulares freqüentemente têm mudanças dramáticas de humor. Os sintomas depressivos ocorrem geralmente com problemas da tireóide, da supra-renal e também são vistos na diabete, doença do pâncreas.

Os hormônios femininos, estrógeno e progesterona são produzidos pelos ovários. É normal os níveis desses hormônios

O QUE É DEPRESSÃO E QUAL É A CAUSA?

sofrerem alterações durante o ciclo menstrual. Eles também se alteram drasticamente durante a gravidez e logo após o parto.

Algumas mulheres experimentam sensações de desconforto durante diferentes fases do ciclo menstrual. Elas percebem que ficam particularmente "irascíveis" poucos dias antes de começar o período menstrual. Ficam extremamente irritadas, chorosas e chateadas com mais facilidade. Esses sintomas em geral duram de 3 a 4 dias, desaparecendo assim que iniciar a menstruação. Um pequeno número de mulheres têm sintomas tão severos que apresentam dificuldades ao lidar com as pessoas em casa e no trabalho. Elas podem sofrer de um distúrbio chamado Tensão Pré-Menstrual (TPM). Uma diferença importante entre a TPM e a Depressão Clínica é que mulheres com TPM sentem-se normais e sob controle nos demais dias de seu ciclo menstrual. Seus sintomas são temporários.

Mau humor, irritabilidade e outras variações emocionais também podem ocorrer com a mulher que atravessa a menopausa. Ela às vezes é chamada de "mudança de vida", acontece no início ou final da meia-idade, quando a mulher pára de menstruar e não pode mais engravidar. Entretanto, além do mau humor, as mulheres menopáusicas geralmente têm outras reclamações, como as ondas de calor, que ajudam a identificar esse estágio normal da vida.

Quando os sintomas da menopausa se tornam intoleráveis ou quando eles interferem seriamente no cotidiano da mulher, os médicos administram hormônios femininos para ajudar a diminuir o desconforto.

Nas primeiras semanas após dar à luz os níveis de hormônio feminino se alteram rapidamente. Muitas mães reclamam por se sentir tristes ou um pouco melancólicas imediatamente após o parto. Isso é conhecido como "Baby Blues" (estado depressivo). Entretanto, existe uma forma bastante séria da Depressão Clínica chamada *Depressão Pós-Parto*, que começa dias ou semanas depois do nascimento da criança. As mulheres que apresentam esse tipo de Depressão vivem uma forma bastante severa de depressão que pode incluir sintomas como idéias estranhas, até mesmo bizarras, e suspeitas quanto aos outros, especialmente seus filhos. Alguém que apresente essa forma de doença depressiva precisa de ajuda imediata. Discutimos a Depressão Pós-Parto quando descrevemos os diferentes tipos de Depressão Clínica.

10. Isolamento social

As pessoas que se isolam socialmente e aquelas que sentem que têm pouco ou nenhum apoio emocional em sua vida estão mais vulneráveis a ficar clinicamente deprimidas. Aquelas que vivem sozinhas podem estar mais propensas a vivenciar a solidão; entretanto, os indivíduos que vivem com outras pessoas também podem sentir-se abandonados e extremamente solitários.

DEPRESSÃO QUE SURGE "DO NADA"

"Você pode ser bem-sucedido e de repente a depressão leva o que você tem de melhor e te deixa incapaz de agir sem auxílio externo. A mente de uma pessoa pode ser tão imprevisível; tantas coisas podem influenciá-la. Trabalho todos os dias para seguir em frente, vivendo um dia após o outro."

A Depressão Clínica pode acontecer sem qualquer fator de risco. Pessoas que não atravessam eventos terríveis ou circunstâncias ruins também podem ficar seriamente deprimidas. A vida podem estar correndo muito bem, quando o humor começa a cair no precipício. A depressão parece vir do nada, sem aviso. Não há explicação óbvia para os sentimentos e comportamentos negativos, o que pode ser bastante confuso para os depressivos e seus entes queridos.

Fatores protetores potenciais

"As vezes penso que na vida há certas situações ou circunstâncias que podem ajudá-lo a atravessar a depressão ou também podem somar-se a ela. A verdade é que o desequilíbrio químico no cérebro está sempre presente ameaçando sua vida diária, mesmo que você não esteja ciente disso. **"**

Como não sabemos exatamente o que causa a depressão, não sabemos como evitá-la. Mas sabemos que há pessoas com fatores de risco significativos que não desenvolvem a depressão. É possível que também haja fatores protetores e esta é uma idéia para pesquisas futuras.

TIPOS DE DEPRESSÃO CLÍNICA

Tudo o que sabemos sobre a depressão vem em primeiro lugar dos médicos. O conhecimento clínico veio da conversa e da observação dos médicos com seus pacientes. Os especialistas, usando essas informações, notaram que os grupos de pacientes variavam segundo os tipos de sintomas que apresentavam e o rumo que a doença seguia. Nossas categorias atuais de diagnóstico vieram dessas observações diretas.

Agora está claro que, assim como existem vários tipos de artrite, existem vários tipos de Depressão Clínica. Este é o termo geral que descreve um amplo espectro de indisposições clínicas. Todos os tipos compartilham um grupo similar de sintomas, mas diferem em quantidade, qualidade e duração dos sintomas. O diagnóstico específico depende de determinados os tipos de sintomas, o número

VENCENDO A DEPRESSÃO

destes, quanto tempo duram e seu grau de interferência na capacidade de o paciente realizar as atividades diárias.·

A seguir listaremos os diagnósticos mais comuns na Depressão Clínica e a descrição das características mais importantes ou típicas de cada distúrbio. Nossa terminologia segue o *Manual de Diagnóstico e Estatística dos Distúrbios Mentais* (DSM-IV), texto usado por profissionais treinados na área de medicina e saúde mental para diagnosticar distúrbios emocionais.

Embora a Depressão Clínica não seja uma enfermidade recente, boa parte das informações que obtemos sobre ela é nova. Por causa disso, os procedimentos de diagnóstico e tratamento estão em um processo contínuo de desenvolvimento. Quando os médicos aprenderem mais sobre a biologia da depressão, poderão considerar mais útil diferenciar os distúrbios depressivos pela maneira com que determinadas substâncias químicas ou medicamentos funcionam. No futuro, com informações novas e mais precisas, provavelmente as categorias atuais serão revisadas ou até mesmo organizadas em um sistema totalmente diferente de classificação.

A. Transtorno Depressivo Maior

Uma das formas mais comuns de Depressão Clínica é uma doença conhecida como *Transtorno Depressivo Maior*. Cerca de 10 a 25 em cada 100 mulheres (10% a 25%) e 5 a 12 em cada 100 homens (5% a 12%) sofrem desse distúrbio em algum momento da vida. A palavra "maior" indica o nível de debilidade vivenciado por aqueles com essa forma de transtorno do humor. A depressão maior é uma das formas mais severas e incapacitadoras da depressão. Essa doença também é conhecida por outro nome, *Depressão Unipolar*, termo usado para diferenciá-la do *Transtorno Bipolar*, outra forma de transtorno·do humor.

O QUE É DEPRESSÃO E QUAL É A CAUSA?

As duas condições principais necessárias para realizar esse diagnóstico são: (1) os sintomas depressivos devem representar uma mudança absoluta na maneira como a pessoa se sente diariamente, e (2) a pessoa deve vivenciar os sintomas durante todo o dia, quase diariamente, pelo mesmo período de duas semanas. Embora a pessoa possa apresentar todos os sintomas descritos anteriormente, para o diagnóstico do Transtorno Depressivo Maior, basta a presença de cinco.

Veja a seguir a descrição dos critérios usados para diagnosticar o Transtorno Depressivo Maior e a divisão deles em "Sentimentos, Pensamentos e Comportamentos". A Tabela 2.5 traz uma lista desses mesmos sintomas de acordo com o *Manual Psiquiátrico de Diagnóstico e Estatística*. Pessoas com Transtorno Depressivo Maior devem apresentar pelo menos cinco dos sintomas a seguir, sendo um deles o humor deprimido e a diminuição do interesse (ou prazer) por atividades agradáveis.

Tabela 2.5 Diretrizes Diagnósticas do DSM-IV para Depressão Maior

Critérios diagnósticos para F32.x – 296.2x Transtorno Depressivo Maior, Episódio único

A. Presença de um único Episódio Depressivo Maior.

B. O Episódio Depressivo Maior não é melhor explicado por um Transtorno Esquizoafeivo nem está sobreposto à Esquizofrenia, Transtorno Esquizofreniforme, Transtorno Delirante ou Transtorno Psicótico Sem Outra Especificação.

C. Jamais houve um Episódio Maníaco (ver p. 317), um Episódio Misto (ver p. 319) ou um Episódio Hipomaníaco (ver p. 322).

Nota: Esta exclusão não se aplica se todos os episódios tipo maníaco, tipo misto ou tipo hipomaníaco são induzidos por substâncias ou tratamento ou se devem aos efeitos fisiológicos diretos de uma condição médica geral.

Especificar (para episódio atual ou mais recente):
Especificadores de Gravidade/ Psicótico/ de Remissão (ver p. 359).

Crônico.

Com Características Catatônicas.

VENCENDO A DEPRESSÃO

Tabela 2.5 Diretrizes Diagnósticas do DSM-IV para Depressão Maior (Cont.)

Com Características melancólicas.

Com Características Atípicas.

Com Início no Pós-Parto.

Critérios diagnósticos para F33.x – 296.3x Transtorno Depressivo Maior, Episódio Recorrente

A. Presença de dois ou mais Episódios Depressivos Maiores

Nota: Para serem considerados episódios distintos, deve haver um intervalo de pelo menos 2 meses consecutivos durante os quais não são satisfeitos os critérios para Episódio Depressivo Maior.

B. Os Episódios Depressivos Maiores não são melhor explicados por Transtorno Esquizoafetivo nem estão sobrepostos à Esquizofrenia, Transtorno Esquizofreniforme, Transtorno Delirante ou Transtorno Psicótico sem outra Especificação.

C. Jamais houve um Episódio Maníaco, um Episódio Misto ou um Episódio Hipomaníaco.

Nota: Esta Exclusão não se aplica se todos os episódios tipo maníaco, tipo misto ou tipo hipomaníaco são induzidos por substância ou tratamento ou se devem aos efeitos fisiológicos diretos de uma condição médica geral.

Especificar (para episódio atual ou mais recente):
Especificadores de Gravidade/ Psicótico/ de Remissão.

Crônico.

Com Características Catatônicas.

Com características Melancólicas.

Com Características Atípicas.

Com Início no Pós-Parto.

Especificar:
Especificadores Longitudinais de Curso (com e sem Recuperação Entre Episódios).

Com Padrão Sazonal.

Sentimentos

1. Sentir-se triste, para baixo, sem esperança ou melancólico na maior parte do dia, aproximadamente todos os dias.

2. Perder o interesse por quase todas as atividades, especialmente *hobbies* e outras coisas que costumavam dar prazer ou trazer alegria.

3. Sentir cansaço ou fadiga quase todo o tempo, mesmo quando descansa o suficiente.

4. Sentir-se inútil ou extremamente culpado por coisas que anteriormente não o incomodavam. Algumas pessoas podem se sentir mais nervosas e ansiosas do que de costume.

Pensamentos

5. Pensamentos pessimistas, pensar muito em morte, incluindo idéias de suicídio.

6. Raciocínio lento com problemas para concentrar-se, tomar decisões simples ou prestar atenção enquanto realiza atividades como ler ou assistir televisão.

Comportamentos

7. a) Comer muito menos do que de costume por não ter apetite, perda significativa de peso sem uma dieta intencional, *ou*
   b) Comer muito mais do que o habitual e ganhar muito peso em um curto período de tempo.

8. a) Mover-se com grande lentidão enquanto realiza atividades como caminhar ou vestir-se, *ou*
   b) Inquietação e agitação com dificuldades para permanecer sentado.

VENCENDO A DEPRESSÃO

9. Problemas com o sono, incluindo:
   a) Dificuldade para pegar no sono, despertar mais cedo do que o costume, acordar durante a noite, *ou*
   b) Dormir mais do que o costume.

Como você pode ver na lista anterior, muitas pessoas com Transtorno Depressivo Maior sentem uma tristeza profunda, enquanto, para outros, o pior sintoma é não ser capaz de vivenciar a alegria ou o prazer. Quase todas as pessoas com depressão perdem sua energia e sua vitalidade. Por causa disso, o Transtorno Depressivo Maior traz consigo um alto risco de suicídio. Quinze em cada 100 indivíduos com esse distúrbio (15%) acabam cometendo suicídio.

Há três formas ou "subtipos" de Transtorno Depressivo Maior. A princípio, os médicos baseiam essas categorias no número de sintomas vivenciados e no grau de interferência desses sintomas nas atividades diárias. Esses subtipos são o Transtorno Depressivo Maior Leve, o Transtorno Depressivo Maior Moderado e o Transtorno Depressivo Maior Severo com ou sem características psicóticas.

Transtorno Depressivo Maior Leve

As pessoas com Transtorno Depressivo Maior Leve apresentam cinco ou seis dos nove sintomas listados e são capazes de atravessar o dia sem uma debilidade significativa. Sentem-se muito piores do que de costume e, embora ainda sejam capazes de lidar com as atividades de casa e do trabalho, precisam esforçar-se bastante para realizar tudo isso.

Transtorno Depressivo Maior Moderado

As pessoas com Transtorno Depressivo Maior Moderado geralmente apresentam mais de cinco dos nove sintomas listados. A principal

O QUE É DEPRESSÃO E QUAL É A CAUSA?

característica dessa categoria é a de que o esforço tremendo não funciona mais. Esforçar-se não os ajuda mais a seguirem com as atividades do trabalho e da casa.

Essas pessoas geralmente têm muita dificuldade para concluir as fases do trabalho. Algumas têm dificuldades para levantar da cama e freqüentemente faltam por doença. Cuidar dos filhos ou dos membros idosos da família está freqüentemente além de suas possibilidades. Assumir novas responsabilidades se torna impossível conforme a vida se desenrola.

Transtorno Depressivo Maior Severo com ou sem Características Psicóticas

As pessoas com Transtorno Depressivo Maior Severo não conseguem mais trabalhar ou cuidar das tarefas de casa. Algumas param de cuidar de si próprias e deixam de fazer coisas, como tomar banho ou vestir-se. Os sintomas são tão severos que as pessoas realmente param de agir. Algumas perdem o emprego ou param de ir ao trabalho, porque sentem uma enorme dificuldade ao realizar tarefas simples.

Na forma mais extremada dessa doença, esses indivíduos começam a alucinar ou ter pensamentos bizarros sobre si e sobre os outros. Podem ouvir vozes dizendo coisas ruins sobre eles ou mandando que façam coisas para prejudicar a si próprios ou aos demais. Podem sentir que os familiares estão conspirando contra eles ou pretendem prejudicá-los de alguma maneira. Às vezes sentem que seu corpo não lhes pertence ou que os familiares são impostores. Todos esses sintomas são da *psicose*, um transtorno do pensamento no qual os depressivos perdem a capacidade de decidir o que é real e o que não é.

B. Depressão Pós-parto

A maioria das parturientes apresentam tendência a chorar, ter fadiga, sentir frustração e desconforto nos primeiros dias após dar à luz. Aprender a lidar com um nenê maravilhoso, mas exigente, enquanto lida com grandes alterações corporais e biológicas, não é nada fácil.

As mulheres, durante esse período, podem sentir uma depressão leve, mas essas emoções não duram mais do que alguns dias. Essa síndrome, conhecida como *"Baby Blues"*, pode afetar até oito em cada 10 mães (80%). *Não* é uma condição severa. As mulheres tendem a melhorar rapidamente, geralmente dentro de duas semanas.

A Depressão Pós-parto não é a mesma coisa que o *"Baby Blues"*. Trata-se de uma forma *severa* de Depressão Clínica que afeta de uma a duas em cada 10 mães (10% a 20%) e começa nas primeiras quatro semanas após o parto.

Os sintomas observados na Depressão Pós-parto são idênticos àqueles vistos no Transtorno Depressivo Maior e podem ser tão severos quanto. Os sintomas geralmente começam durante o primeiro mês após o parto. Essas mães ficam profundamente deprimidas e reclamam por não se sentirem como antes. Diferente da "melancolia", esses sentimentos ficam cada vez piores em vez de melhorarem e a mulher apresenta tendências suicidas.

No estágio mais severo da Depressão Pós-parto, as mulheres podem começar a ter pensamentos bizarros e assustadores em relação aos seus bebês. Algumas pensam em machucar ou até mesmo matar seus filhos. Perdem a capacidade de distinguir entre o que é real e o que é irreal. Algumas sofrem alucinações. O nome dessa síndrome trágica é Psicose Pós-parto e ocorre com uma ou duas em cada mil novas mães (0,2%).

C. Transtorno Distímico

"Acredito que a depressão sempre foi uma parte da minha vida, um desequilíbrio químico da infância por toda a adolescência. Fui uma das adolescentes de sorte que conseguiu superar isso ainda que tivesse passado despercebido. **"**

O Transtorno Distímico é uma forma crônica de Depressão Clínica que afeta cerca de 6% da população em geral (seis em cada 100). As pessoas com Transtorno Distímico geralmente apresentam menos sintomas do que aquelas com Transtorno Depressivo Maior, mas sofrem os sintomas por períodos mais longos do que é visto em outras formas de depressão. O Transtorno Distímico pode durar vários anos.

Assim como com o Transtorno Depressivo Maior, no Transtorno Distímico os sintomas persistem durante a maior parte do dia, quase todos os dias. Para o diagnóstico do Transtorno Distímico, os sintomas devem estar presentes por pelo menos *dois anos*. Durante esse período de dois anos, alguns indivíduos com esse transtorno passam semanas sentindo-se muito melhores; entretanto, isso nunca dura mais do que um ou dois meses.

Como os sintomas persistem por mais tempo, as pessoas com Transtorno Distímico sentem que sua energia é sugada. Embora geralmente apresentem um número menor de sintomas em relação às pessoas com Depressão Maior, estudos revelam que seu funcionamento e qualidade de vida são bastante baixos.

Veja a seguir a lista dos critérios para o Diagnóstico do Transtorno Distímico. A Tabela 2.6 lista-os de acordo com a DSM-IV. Os sintomas são perturbadores o suficiente para interferir no funcionamento diário. Para esse diagnóstico, além de sentir-se deprimido, o paciente deve ter pelo menos dois dos seguintes sintomas:

Sentimentos

1. Sentir-se sem esperança.

2. Sentir desvalia ou inferioridade perante os demais. Sentir-se mais preocupado e ansioso.

Pensamentos

3. Problemas para concentrar-se, prestar atenção ou tomar decisões.

Comportamentos

4. Mudança significativa no padrão de alimentação com diminuição ou aumento do apetite.

5. Dormir mais ou menos do que o usual.

6. Experimentar energia baixa com aumento de cansaço e fadiga.

Tabela 2.6 Diretrizes Diagnósticas do DSM-IV para Transtorno Distímico

Critérios de Diagnóstico para F34.1 – Transtorno Distímico 300.4

A. Humor cronicamente deprimido na maior parte do dia, na maioria dos dias, como indicado por relato subjetivo ou observação feita por outros, por pelo menos 2 anos.

Nota: Em crianças e adolescentes, o humor pode ser irritável e a duração deve ser de no mínimo 1 ano.

B. Presença, enquanto deprimido, de dois (ou mais) dos seguintes sintomas:

    1. apetite diminuído ou hiperfagia

    2. insônia ou hipersonia

    3. baixa energia ou fadiga

    4. baixa auto-estima

    5. fraca concentração ou dificuldade em tomar decisões

C. Durante o período de 2 anos (1 ano para crianças ou adolescentes) de perturbação, jamais a pessoa esteve sem os sintomas dos Critérios A e B por mais de 2 meses a cada vez.

O QUE É DEPRESSÃO E QUAL É A CAUSA?

Tabela 2.6 Diretrizes Diagnósticas do DSM-IV para Transtorno Distímico (Cont.)

D. Ausência de Episódio Depressivo Maior durante os primeiros 2 anos de perturbação (1 ano para crianças e adolescentes); isto é, a perturbação não é melhor explicada por um Transtorno Depressivo Maior crônico ou pelo Transtorno Depressivo Maior, em Remissão Parcial.

Nota: Pode ter ocorrido um Episódio Depressivo Maior anterior, desde que tenha havido remissão completa (ausência de sinais ou sintomas significativos por 2 meses) antes do desenvolvimento do Transtorno Distímico. Além disso, após os 2 anos iniciais (1 ano para crianças e adolescentes) de Transtorno Distímico, pode haver episódios sobrepostos de Transtorno Depressivo Maior e, neste caso, ambos os diagnósticos podem ser dados quando são satisfeitos os critérios para um Episódio Depressivo Maior.

E. Jamais houve um Episódio Maníaco, um Episódio Misto ou Episódio Hipomaníaco e jamais foram satisfeitos os critérios para Transtorno Ciclotímico.

F. A perturbação não ocorre exclusivamente durante o curso de um Transtorno Psicótico crônico, como Esquizofrenia ou Transtorno Delirante.

G. Os sintomas não se devem aos efeitos fisiológicos diretos de uma substância (ex.: drogas de abuso, medicamentos) ou de uma condição médica geral (ex.: hipotireoidismo).

H. Os sintomas causam sofrimento clinicamente significativo ou prejuízo no funcionamento social, ocupacional ou em outras áreas importantes da vida do indivíduo.

Especificar se:

Início Precoce: se o início ocorreu antes dos 21 anos.

Início Tardio: se o início ocorreu com 21 anos ou mais.

Especificar (para os 2 anos de Transtorno Distímico mais recentes):

Com Características Atípicas

Livre tradução das informações contidas no *Manual de Diagnóstico e Estatística dos Distúrbios Mentais da Associação Norte-americana de Psiquiatria* (DSM-IV).

É possível sofrer de Transtorno Depressivo Maior e Transtorno Distímico ao mesmo tempo. Isso acontece quando a pessoa com Transtorno Distímico desenvolve um episódio agudo de Depressão Maior. O número de sintomas aumenta e essa pessoa experimenta maior dificuldade para realizar atividades costumeiras. Quando tais pessoas com Transtorno Distímico desenvolvem sintomas que combinam com àqueles vistos no Transtorno Depressivo Maior, elas apresentam o que é conhecido como "Dupla Depressão". Os médicos usam este termo quando uma pessoa apresenta os dois transtornos.

D. Depressão Menor

O Transtorno Depressivo Menor é uma categoria relativamente nova da Depressão Clínica. Os critérios específicos ainda estão no processo de desenvolvimento. Estudos recentes revelaram que se trata de uma forma separada de Depressão Clínica. A Depressão Menor tem suas próprias características distintas.

O Transtorno Depressivo Menor é menos severo que o Transtorno Depressivo Maior e parece causar no indivíduo menos desconforto e dificuldade para manter as atividades diárias. As pessoas com Transtorno Depressivo Menor podem apresentar alguns dos sintomas do Transtorno Depressivo Maior, mas em número menor. O termo "menor" não reflete a seriedade dessa doença, mas refere-se ao fato de que os indivíduos geralmente apresentam uma menor sintomatologia do que em outras formas de depressão. De dois a quatro sintomas são suficientes para satisfazer os critérios para esse diagnóstico. Assim como com outras formas de Depressão Clínica, os sintomas devem estar presentes na maior parte do dia, quase todos os dias, por um período de pelo menos duas semanas. Há evidências de que as pessoas com Depressão Menor apresentam um maior risco de desenvolver a Depressão Maior ou o Transtorno Distímico.

E. Outros Transtornos com Sintomas Depressivos e/ou Depressão Clínica

Há alguns grupos de pessoas que vivenciam sintomas depressivos durante o desenrolar de outra doença ou distúrbio. Às vezes, seus sintomas podem ser severos ou significativos o suficiente para justificar a adição da Depressão Clínica na sua lista de enfermidades.

Depressão Devido à Condição Médica Geral

Pessoas enfermas, especialmente com doenças clínicas sérias (diabete, hipertensão, derrame, problemas cardíacos, câncer, HIV-Aids, Mal de Parkinson e outras), freqüentemente vivenciam alguns dos sintomas vistos na Depressão Clínica. Cerca de uma em cada quatro pessoas (25%) experimentam um episódio de Depressão Clínica enquanto estão enfermas.

Em geral, essa forma de depressão é diagnosticada quando os sintomas da depressão podem ser diretamente relacionados com o desenvolvimento da doença clínica. Por exemplo, se os sintomas depressivos começam com a instalação da doença clínica ou se os sintomas depressivos começam quando a doença piora e tendem a suavizar quando a doença apresenta uma melhora, há boas chances de Depressão Clínica ser uma conseqüência secundária da presença da enfermidade clínica.

Os pensamentos suicidas são uma preocupação especial para aqueles com doenças crônicas severas que não apresentam cura conhecida, já que essas pessoas apresentam maior risco de cometer tentativa de suicídio.

Transtorno Bipolar (também conhecido como Transtorno Maníaco-Depressivo)

Além do Transtorno Distímico, há outras síndromes do humor conhecidas por apresentar um desenvolvimento crônico recorrente. O Transtorno Bipolar é uma delas. A Depressão Maníaca é outro nome dado ao Transtorno Bipolar.

Pessoas com esse distúrbio apresentam os dois extremos do humor, podendo vivenciar a depressão severa e, em outros momentos,

VENCENDO A DEPRESSÃO

apresentar sintomas descritos como mania. Uma pessoa que vivencia a mania se comporta e pensa de maneira drasticamente diferente do seu modo habitual de pensar e se comportar. A mania inclui os seguintes sintomas:

Sentimentos

1. Sentir-se melhor ou mais esperto do que os demais, incluindo o sentimento de que você tem um raciocínio especial ou poderes especiais que os outros não têm.

2. Sentir-se mais energético do que de costume, na verdade, tão energético que você não consegue permanecer parado.

3. Sentir-se irritado e facilmente zangado com os outros, às vezes tornando-se violento.

Pensamentos

4. Pensar com maior velocidade do que o usual, como se os pensamentos estivessem correndo numa velocidade incrível. Isso também pode incluir o surgimento de várias idéias novas, sem ser capaz de examiná-las com clareza.

Comportamentos

5. Falar muito mais do que o habitual e não ser capaz de permanecer calado quando necessário.

6. Dormir muito menos, mas sentir-se energizado em vez de cansado.

7. Participar de atividades de risco, como gastar muito dinheiro mesmo quando o dinheiro está curto ou ter muito mais relações sexuais ou muito mais parceiros sexuais do que o costume e não se importar com o risco de contrair uma doença sexualmente transmissível.

O QUE É DEPRESSÃO E QUAL É A CAUSA?

Pessoas com Transtorno Bipolar também apresentam episódios que são idênticos à Depressão Maior. A palavra "bipolar" significa a experiência de dois tipos radicalmente diferentes de humor. Às vezes as pessoas se sentem muito "para cima" e em outros momentos muito "para baixo". Entre os episódios, geralmente apresentam um humor normal.

Anteriormente, no item sobre Transtorno Depressivo Maior, o termo *Depressão Unipolar* foi usado, este é o termo para episódios múltiplos de Depressão Maior. As pessoas com Depressão Unipolar vivenciam somente o pólo depressivo do humor. Assim como com o Transtorno Bipolar, pode haver anos de funcionamento normal e saudável entre os episódios depressivos. A expressão "Transtorno Depressivo Maior" descreve o episódio único sendo vivenciado no momento.

A doença bipolar pode ser bastante incapacitadora, talvez mais incapacitadora do que outros tipos de transtornos do humor discutidos neste capítulo. No estudo do *Partners in Care*, descobrimos que os pacientes com sintomas sugestivos de enfermidade bipolar apresentavam funcionamento e qualidade de vida piores do que os demais pacientes com depressão.

Transtorno de Estresse Pós-Traumático

O Transtorno de Estresse Pós-Traumático é uma doença que se desenvolve em algumas pessoas depois de terem vivenciado pessoalmente (ou testemunhado) um evento com risco de vida ou um incidente que envolva sérios ferimentos corporais. Estes eventos incluem coisas como: agressão violenta, como no caso de estupro ou ataque físico (com ou sem arma); guerra ou combate militar; desastres naturais, como terremotos, furacões, enchentes, erupções vulcânicas; ou acidentes sérios, como aqueles que podem acontecer com carros e aviões. O Ataque terrorista do dia 11 de setembro de

VENCENDO A DEPRESSÃO

2001 foi um evento desse tipo, em que milhares de pessoas morreram e muitas ficaram feridas.

As pessoas com esse distúrbio apresentam problemas com pensamentos e pesadelos recorrentes sobre o evento. Enquanto estão acordadas, as imagens voltam à sua mente fazendo com que "revivam" o trauma. Além de experimentar infelicidade e sofrimento severos, elas têm dificuldades para dormir, se concentrar e podem apresentar acessos de raiva ou violência.

Assim como com a Depressão Clínica, os sintomas freqüentemente interferem na capacidade de ter uma vida normal. As pessoas se sentem deprimidas de tempos em tempos, mas geralmente não vivenciam o mesmo número de sintomas ou a severidade dos sintomas vividos por aqueles com Depressão Clínica. Assim como a Depressão Dupla, é possível apresentar tanto o Transtorno de Estresse Pós-Traumático quanto a Depressão Clínica.

Transtornos de Adaptação

Existe um grupo de transtornos clínicos chamado de "Transtornos de Adaptação" que podem ser vistos como formas mais brandas do estresse pós-traumático. As pessoas com Transtornos de Adaptação vivenciam eventos estressantes ou infelizes, mas que não ameaçam a vida e não envolvem ferimentos físicos sérios. Os eventos podem ser abalos sérios como uma mudança brusca nas finanças, divórcio, perda de um ente querido por uma separação forçada ou morte, ser demitido e ter de se ajustar a novas circunstâncias estressantes. Pode haver eventos múltiplos ou mais de uma coisa que cause o sofrimento.

As pessoas com Transtornos de Adaptação apresentam bem menos sintomas depressivos do que àqueles vistos em outras formas de Depressão Clínica e são capazes de seguir suas vidas normalmente sem muito esforço. Os sentimentos de depressão geralmente começam num prazo de três meses após o incidente e tendem a melhorar ou se resolver no prazo de seis meses.

Se uma pessoa tem o mesmo número de sintomas listados no Transtorno Depressivo Maior, Transtorno Depressivo Menor e Transtorno Distímico, ela não apresenta um simples Transtorno de Adaptação. Se uma pessoa tem uma grande sintomatologia e dificuldade em lidar com as coisas, ela provavelmente está com uma forma mais séria de Depressão Clínica.

Depressão de Padrão Sazonal

" *Sofro de Transtorno Afetivo Sazonal. Quando o horário de verão termina, eu quero hibernar.* **"**

Algumas pessoas com Depressão Clínica só vivenciam os sintomas em épocas específicas do ano. Sua depressão apresenta um padrão sazonal. Os episódios depressivos geralmente começam durante o outono ou no inverno e desaparecem durante a primavera e o verão. Isto é chamado de Depressão de Padrão Sazonal ou Transtorno Afetivo Sazonal.

Esse tipo de depressão ocorre com maior freqüência em climas com várias horas de escuridão durante os meses de outono e inverno. O Transtorno Afetivo Sazonal é mais comum em regiões muito ao norte do globo – lugares como Escandinávia, Alasca e Islândia.

Este capítulo apresentou informações sobre os fatores de risco da Depressão Clínica. Também tratou com algum detalhe dos diferentes tipos de depressão clínica. Aprender sobre os diferentes tipos de depressão é importante, porque o tratamento clínico varia de acordo com a severidade e a sintomatologia. Em sua maioria, transtornos diferentes exigem tipos diferentes de tratamentos. Os próximos capítulos descreverão tudo isso em maiores detalhes.

VENCENDO A DEPRESSÃO

A Depressão Clínica pode ser uma enfermidade difícil, mas existem bons tratamentos. A seguir leia o relato de duas pessoas que foram gentis o suficiente para compartilhar suas histórias.

CARTAS DO CORAÇÃO: HISTÓRIAS DE DEPRESSÃO

Para as pessoas com depressão, é importante saber que não só elas têm esse tipo de sentimento. Embora a depressão atinja as pessoas de maneiras diferentes, quase todos aqueles com depressão séria apresentam períodos em que se sentem terrivelmente perdidos e solitários. Muitos sentem que não há como obter ajuda.

Durante o estudo do *Partners in Care*, recebemos muitas cartas de pessoas com depressão. Essas cartas dão uma idéia de como a experiência da depressão afeta cada indivíduo. O que apresentam em comum é a dor e o sentimento de perda.

Incluímos algumas cartas e/ou citações por todo o livro. Esperamos que possam ajudar os deprimidos e seus entes queridos a perceber que realmente não estão sozinhos.

"A quem possa interessar:

Antes de mais nada obrigada pela atenção que me dispensaram. Vou escrever-lhes esta pequena carta.

Meu problema, ou razão da minha tristeza profunda, se deve ao fato de que eu estava empolgada com o nascimento de meu primeiro filho e nunca pensei que o que acreditava ser a felicidade completa, o nascimento de uma criança, se tornaria algo completamente diferente. Minha menina nasceu com paralisia cerebral.

Já se passaram dois anos e posso assegurar que foram os dois anos mais tristes e difíceis que já vivi. Como você sabe, haverá outros momentos difíceis e somente Deus sabe o que o destino

O QUE É DEPRESSÃO E QUAL É A CAUSA?

nos reserva. É verdade que estou muito triste, mas existe uma menininha que precisa de mim e de seu pai e nós estaremos com ela pelo tempo que ela precisar. Tenho de deixar meu sofrimento de lado pela minha filha, que amo muito e pedir a Deus que a mantenha bem e me dê forças para cuidar do meu anjinho.

Estou contando essas coisas para que você saiba que pessoalmente me sinto um nada e que ninguém pode me ajudar a encontrar consolo e resignação. Não consigo; apenas deixo as coisas como estão. Vivo a vida conforme ela se apresenta a mim, mas Deus sabe que dia após dia minha dor de mãe está sempre presente, mesmo que em alguns momentos esteja ainda mais deprimida. E eu realmente tenho dias muito difíceis, especialmente quando alguém me diz, "Tenha um bom dia". Para mim, essas palavras são estranhas e para ser honesta, sinto amargura em relação à própria vida. Faz dois anos que não conheço a felicidade. E Deus sabe como desejo ser feliz. Mas com minha garotinha, que não consegue nem olhar para mim: Como? Agradeço por sua atenção e coloco-me ao seu dispor."

Essa carta emocionada enfatiza o fato de que a Depressão Clínica pode iniciar depois de um sério evento na vida. As palavras dessa mulher revelam sua batalha contra a tristeza e a dor. A carta também mostra seu profundo amor por sua filha. Apesar de sua tremenda coragem e força, sua situação é muito difícil e ela está deprimida.

A próxima carta demonstra o peso absoluto da somatória de problemas que finalmente resultam na Depressão Clínica.

"A quem possa interessar:

Tenho minhas desculpas. Minha diabete se tornou um problema sério já que a neuropatia muscular se tornou tão dolorosa que em certos dias não consigo nem caminhar. Comprei uma esteira elétrica, mas minha performance ficou cada vez pior em vez de melhorar. Perdi meu melhor cliente, algo que eu já esperava, mas não queria encarar, então minha renda caiu drasticamente e eu não sei como farei para me recuperar. Tudo o que toquei no mercado de ações despencou, enquanto o mercado estava todo em alta à minha volta...

Nos últimos dois meses meu avô teve uma crise de pancreatite, recuperou-se, e então teve de ser colocado em uma casa de repouso. Minha avó fez duas pontes de safena e substituiu uma válvula do coração. Ela se recupera lentamente. Tenho estado muito próximo dos meus avós... Meu pai realizou uma cirurgia de quatro pontes de safena, e por algum tempo pensamos que iríamos perdê-lo, mas agora ele se recuperou. O problema é que parece que não se importa se vai viver ou morrer e não faz nada para prolongar sua vida. Tentei me convencer de que o problema é dele, não meu, mas isso ainda me incomoda. Um amigo íntimo da família morreu no mês passado e dentro de poucos dias houve outro falecimento...

Minha esposa e eu dormimos em quartos separados. Não temos relações físicas há mais de dez anos. Meu filho voltou para casa e piorou tudo ao dizer que ela não seria feliz morando aqui e que deveria mudar para outra casa... Discutimos o assunto e ela garantiu que estava bem morando comigo e que não desejava partir. Nem é preciso dizer que as coisas estão um pouco abaladas entre nós.

De repente, meu filho mais velho apareceu em casa (algo distinto de lar) com suas malas e anunciou que estava voltando até que ele e sua esposa resolvessem algumas

O QUE É DEPRESSÃO E QUAL É A CAUSA?

questões. Ele ficou por três ou quatro dias e desapareceu da mesma maneira repentina.

Desejo intensamente um pouco de afeição. Criei meus filhos com afeição, amor e carinho e isso parece ter afetado seus relacionamentos de maneira positiva, mas eles se foram. O único amor e carinho que recebo é de um gato que só quer ser alimentado e ter a porta aberta para que possa entrar e sair em casa.

Novela? A verdade é mais estranha do que a fantasia...

Estou deprimido? Pelas minhas definições, sim. Sinto-me solitário? Não. Tenho certeza de que outras pessoas estão em condições piores. Sinto que meus problemas são únicos? Alguns deles. Quero tomar medicação ou contar para outras pessoas sobre meus problemas [em tratamento]? Não. Isso é o máximo que me permito [escrever esta carta]. Sinto que alguém mais pode me ajudar ou aliviar um pouco a carga? Não. Por quê?

Meus problemas físicos são trazidos pelos meus próprios sentimentos ou por desequilíbrios químicos. Trabalho meus sentimentos, o médico trabalha os desequilíbrios químicos. Minha depressão é só minha. Compartilhá-la não resolve. As drogas só servem para mascará-la. A responsabilidade é minha e somente minha...

Não, eu não quero me abrir por várias razões e a mais importante é que toda vez que abaixei a guarda fui traído, magoado ou humilhado. Os seres humanos não querem compreender; querem o conhecimento para destruir por prazer...

As respostas [nesta carta] podem ser surpreendentes ou você pode achar que se encaixam perfeitamente em outros perfis".

Cada parágrafo da carta acima poderia ter sido escrito por uma pessoa diferente. Há tantos eventos que levam à depressão, mas

VENCENDO A DEPRESSÃO

todos esses problemas foram vividos pelo mesmo homem! Os leitores podem sentir seu desespero, sua autoculpa e a relutância em acreditar que o tratamento pode ajudá-lo. A depressão parece ser uma parte tão integrante dos problemas da sua vida que é difícil para ele imaginar que o tratamento realmente possa aliviar os sintomas depressivos embora seus problemas permaneçam.

A boa notícia é que ao procurar tratamento efetivo para a depressão, várias dessas pessoas melhoram – até mesmo pessoas como as que escreveram essas cartas comoventes.

CAPÍTULO 3

ACHO QUE ESTOU CLINICAMENTE DEPRIMIDO. QUAIS SÃO MINHAS OPÇÕES?

“Depois que reconheci o problema e superei as atitudes tradicionais da sociedade em relação à depressão, recebi – e continuo recebendo – um tratamento excelente. **"**

Caso você se reconheça ou a um familiar nos itens que descrevem os sintomas depressivos, há uma boa chance de você (ou seu familiar) apresentar alguma forma de Depressão Clínica. Lembre-se de que a depressão é um distúrbio comum. Todos os anos, a depressão afeta um em cada dez homens (10%) e duas em cada dez mulheres (20%). A boa notícia é que há esperança. Assim como a asma ou a hipertensão, a Depressão Clínica é uma enfermidade que pode ser tratada. Existem excelentes tratamentos disponíveis para aliviar a dor e o sofrimento emocional.

As últimas décadas do século XX presenciaram uma explosão de informações sobre a natureza e o curso da doença depressiva. O conhecimento público cresceu conforme as pesquisas descobriram

VENCENDO A DEPRESSÃO

a ampla natureza do distúrbio. As experiências e as pesquisas nacionais confirmaram que a depressão atinge pessoas de todas as idades, raças, religiões, credos e cores.

O conhecimento de tratamentos para depressão se expandiu conforme os médicos encontraram melhores maneiras de detectar e diagnosticar os transtornos do humor. Durante esse mesmo período, cientistas descobriram várias novas classes de medicamentos, e psicoterapeutas desenvolveram terapias inovadoras para auxiliar os deprimidos.

O estudo do *Partners in Care* foi uma das tentativas de pesquisa que contribuíram com informações importantes sobre meios de aprimorar os cuidados com os deprimidos. O estudo incluiu adultos de todas as idades e pessoas de muitas raças e etnias, incluindo norte-americanos de origem latina e africana. O estudo descobriu que todos os grupos responderam bem aos cuidados aprimorados.

Embora um pequeno número de pessoas se recupere da depressão por si só, isto é muito raro. Muitos sofrem durante meses antes de começar a se sentir melhor. O tratamento da depressão oferece a esperança de uma melhora significativa e o tempo necessário para apresentar tal melhora é relativamente breve quando comparado ao tempo gasto sem tratamento.

Existem vários tratamentos e várias maneiras diferentes de organizá-los. As pessoas com depressão têm mais opções agora do que em qualquer outro período da história. Este capítulo descreve tratamentos atuais e discute sua utilização na prática clínica.

TRATAMENTO DA DEPRESSÃO

O tratamento da depressão se encaixa em três categorias básicas: psicoterapia, farmacoterapia e procedimentos terapêuticos. A psicoterapia refere-se aos tratamentos que envolvem conversas com um especialista em saúde mental, a farmacoterapia refere-se à administração de medicamentos e os procedimentos terapêuticos envolvem o uso da tecnologia médica e de equipamentos especializados.

1. Psicoterapia

"Lentamente, com a ajuda do orientador, comecei a engatinhar de volta à vida. **"**

Pode ser difícil imaginar como uma conversa pode aliviar os sintomas ou apresentar um impacto significativo sobre o transtorno médico. A verdade é que a psicoterapia não é a mesma coisa que conversar com um amigo ou com um vizinho.

Os filmes e os programas de TV às vezes conferem uma visão distorcida e até mesmo irreal do que acontece na psicoterapia. O psicoterapeuta é um profissional capacitado e licenciado que trabalha com os clientes para identificar as áreas problemáticas e para desenvolver técnicas para aliviar os sofrimentos emocionais associados à Depressão Clínica. A psicoterapia é uma conversa orientada com um propósito específico.

Um modo de explicar a psicoterapia é descrevê-la como uma forma especializada de orientação. Pode ser melhor comparar o trabalho dos psicoterapeutas com o trabalho dos treinadores de atletas profissionais.

Os melhores treinadores usam seu conhecimento, suas habilidades e treinamento para ajudar os atletas a identificar os problemas pessoais que impedem sua melhor performance. Então, trabalham juntos para desenvolver um programa que possa ajudar os atletas a melhorar sua atuação. Os psicoterapeutas trabalham de modo similar e têm objetivos parecidos. Desejam que seus pacientes se sintam melhor e apresentem o melhor funcionamento possível. Também desejam que seus pacientes aproveitem a vida e conseguem isso

VENCENDO A DEPRESSÃO

ajudando-os a compreender seus sentimentos, pensamentos e comportamentos. Juntos, eles desenvolvem estratégias para lidar com os sintomas e os problemas pessoais.

O termo *psicoterapia* abrange uma ampla variedade de teorias, abordagens e técnicas. Há muitos tipos de psicoterapias. Assim como outros tratamentos clínicos, as necessidades e preferências individuais determinam o tipo de psicoterapia mais adequado.

Das terapias atuais, duas foram desenvolvidas especialmente para pessoas diagnosticadas com Depressão Clínica: a Terapia Interpessoal e a Terapia Comportamental-Cognitiva. Os terapeutas também utilizam a Psicoterapia Psicodinâmica e a Psicoterapia de Apoio para tratar de pessoas com depressão. A seção a seguir descreve algumas das terapias usadas no tratamento de pessoas deprimidas.

A. Terapia Interpessoal (TIP)

A Terapia Interpessoal é uma forma de terapia desenvolvida para ajudar a identificar os eventos, pessoas ou circunstâncias que precipitam ou pioram a depressão. A teoria por trás dessa forma de terapia é que eventos ruins e relacionamentos difíceis desempenham um papel importante como gatilho de sintomas depressivos.

Os terapeutas que conduzem a Terapia Interpessoal auxiliam seus pacientes a distinguir as interações pessoais que causam sofrimento ou produzem sentimentos de depressão ou infelicidade. Depois de compreender esses gatilhos, o terapeuta e o paciente trabalham para modificar ou alterar a maneira com que a pessoa interage ou responde a situações difíceis.

Um exemplo disso seria o caso de Mary. Mary S.[1] sentia-se profundamente deprimida. Dormia mal e sentia-se cansada o tempo

---

1. Personagem fictício.

todo. Estava infeliz no casamento porque seu marido gostava de discutir. Brigavam o tempo todo e ele não a tratava muito bem. Por trabalhar como recepcionista e ganhar pouco, a família vivia dizendo que ela deveria permanecer casada. Seu marido tinha um ótimo salário e era visto como "bom provedor". Mary estava confusa, desencorajada e não sabia o que fazer. Conversou sobre o fato com seu clínico geral e este lhe sugeriu uma consulta psicoterapeuta. O terapeuta recomendou a Terapia Interpessoal.

Na Terapia Interpessoal, o profissional ajudou Mary a reconhecer as conseqüências emocionais de viver um relacionamento infeliz com abusos físicos. Discutiram as razões que Mary tinha para continuar casada, exploraram as chances de melhorar o relacionamento e observaram a opção de terminá-lo. Também identificaram técnicas para conseguir o apoio da família. Mary também aprendeu maneiras de manter-se a salvo. Seu sono melhorou e ela começou a sentir-se melhor. Frente a frente com a possibilidade do divórcio, seu marido concordou em buscar ajuda.

O casamento abusivo e a falta de apoio da família foram as duas fontes principais de sua depressão. O caminho em direção à cura começou com a percepção disso.

Em resumo, a Terapia Interpessoal ajuda a identificar as circunstâncias que contribuem ou aumentam os sintomas da depressão. Essa terapia auxilia os depressivos na descoberta de maneiras para modificar aquilo que os faz sentir mal. O foco principal é solucionar os problemas de relacionamento e suas conseqüências emocionais. Ao aprimorar a capacidade de uma pessoa lidar com os relacionamentos, essa terapia auxilia na transição para o bem-estar.

A Terapia Interpessoal é breve e dura de três a quatro meses. Cada sessão tem por objetivo melhorar questões interpessoais. As sessões semanais duram cerca de 50 minutos.

VENCENDO A DEPRESSÃO

"Meu sentimento de desespero se foi. Não me sinto mais tão sozinha e desamparada no combate com meus problemas diários. Minha raiva foi abrandada até o ponto em que as pessoas me vêem de maneira diferente (porque sou diferente!) e meu relacionamento com as pessoas melhorou significantemente. **"**

B. *Terapia Comportamental-Cognitiva (TCC)*

A Terapia Comportamental-Cognitiva é outra forma de terapia breve desenvolvida para pessoas com Depressão Clínica. A palavra *cognitiva* refere-se ao processo do pensamento: em outras palavras, como as pessoas pensam e no que acreditam.

As pessoas com Depressão Clínica passam por mudanças cognitivas. Durante a depressão, seus pensamentos e crenças sobre si, sobre os outros e sobre o mundo à sua volta se tornam profundamente pessimistas. Pessoas deprimidas apresentam falta de esperança.

A teoria por trás da Terapia Comportamental-Cognitiva é que pensamentos negativos estão enraizados em crenças distorcidas. Esses pensamentos negativos contribuem para os sintomas depressivos que iniciam um ciclo vicioso no qual os pensamentos ativam a depressão que por sua vez ativa o pensamento negativo.

A Terapia Comportamental-Cognitiva destina-se ao combate e à cura do pensamento negativo, com o intuito de quebrar o ciclo vicioso. O pensamento negativo inclui opiniões pessimistas ou extremamente críticas sobre si próprio ou os demais, além de um excessivo sentimento de dúvida. O caso de Bill demonstra tudo isso.

Bill[2] sempre foi extremamente crítico em relação a si e aos demais. Simplesmente acreditava que o mundo era um lugar terrível, repleto de pessoas tentando aproveitar-se dele. Esses sentimentos foram

2. Personagem fictício.

intensificados quando sua esposa pediu o divórcio depois de 35 anos de casamento. Ele ficou irritado por ter sido forçado a vender a casa devido ao acordo do divórcio.

Continuou trabalhando e foi morar com seu filho até que pudesse pagar por um lugar próprio. Rapidamente percebeu que não gostava de estar próximo aos seus netos pois eram muito bagunceiros e faziam muito barulho.

Depois de poucos meses, começou a sentir-se desesperançoso e passou a acreditar que nunca mais conseguiria se recuperar. Sentiu-se inútil e envergonhado. Passou a evitar velhos amigos e recusou-se a participar das atividades familiares.

A Terapia Comportamental-Cognitiva buscou identificar em Bill os padrões de pensamento prejudiciais e revelou o impacto que tais pensamentos e crenças negativas tinham sobre seus sentimentos e comportamentos. A terapeuta explorou as ligações entre as crenças, o comportamento e a depressão. Gentilmente, ela desafiou algumas crenças distorcidas e ajudou-o a ver que nem todos tinham a intenção de tirar vantagem dele. Ela também o ajudou a encontrar maneiras de começar a participar de atividades agradáveis com amigos e familiares.

Uma de suas lições de casa era visitar amigos e convidá-los para fazer algo agradável. Bill decidiu ir a uma partida de beisebol. Eles também desenvolveram um sistema de recompensa, uma técnica para reforçar a mudança. Conforme sentia a melhora, Bill deixou de ser tão cético. Apesar de ainda um pouco cínico, Bill deu mais chances às pessoas.

Estudos recentes revelam que esse tipo de terapia é especialmente efetiva com adolescentes deprimidos. Também parece ajudar alguns adolescentes a lidar com os sintomas evitando o desenvolvimento da Depressão Maior.

VENCENDO A DEPRESSÃO

Essa terapia pode ser conduzida individualmente ou em pequenos grupos de dez a doze membros. O terapeuta e o paciente decidem o que é melhor. As sessões são semanais, duram cerca de 50 minutos e continuam por 2 a 3 meses.

A Terapia Comportamental-Cognitiva foi a principal terapia usada no estudo do *Partners in Care*. Esta citação descreve a experiência da terapia com um dos participantes do estudo:

> **"***Aprender a responder com ousadia aos meus pensamentos negativos e desafiar minha visão de mundo mudaram a minha vida... Simplesmente disse 'não' à depressão. Desenvolvi estratégias para lidar com a situação e tenho confiança para selecioná-las e aplicá-las na minha vida diária.***"**

C. Psicoterapia Psicodinâmica
(Também conhecida como Psicoterapia Dinâmica)

A palavra *psicodinâmica* é um termo técnico usado por especialistas de saúde mental. Refere-se ao processo de examinar emoções e comportamentos autodestrutivos e/ou devastadores. Essa terapia visa as lutas internas que podem surgir como resultado de uma combinação inadequada entre a personalidade e o ambiente. A personalidade se refere à maneira habitual com que uma pessoa responde aos demais e aborda seus problemas. Na maioria dos casos, esses padrões de resposta têm início na infância.

A Psicoterapia Psicodinâmica está baseada na teoria de que as características da personalidade podem causar ou perpetuar a depressão. Nela o terapeuta examina a infância do paciente além de outras experiências de vida. O propósito é identificar as raízes dos comportamentos que trazem infelicidade ao paciente e aos demais. A teoria é que o *insight* pode estimular uma mudança positiva. O objetivo geral é conhecer essas características para que possam modificar ou alterar os traços que interferem impossibilitando uma vida feliz.

ACHO QUE ESTOU CLINICAMENTE DEPRIMIDO...

Usemos Sarah[3] como exemplo. Mesmo durante a infância, Sarah era extremamente tímida e tinha dificuldades para fazer amigos. Aos 42 anos, ainda continuava com dificuldades para conhecer pessoas e expressar-se. Os problemas começaram com uma avaliação pejorativa de seu chefe. Ele reclamava que ela nunca se expressava nas reuniões e parecia sobrecarregada por qualquer tarefa nova ou difícil. Também mencionou que os colegas de trabalho a evitavam porque ela nunca participava das conversas.

Depois de não ter conseguido uma promoção há muito tempo desejada, Sarah começou a chegar tarde. Faltava vários dias por motivos de saúde. Seu chefe a rebaixou de cargo, transferindo-a para um departamento diferente. Seu novo supervisor comentou que ela demonstrava desinteresse e tinha sempre uma aparência cansada. Quando inquirida a respeito, Sarah permanecia calada. Na semana seguinte recebeu uma carta comunicando que seria demitida caso não melhorasse seu comportamento. Sarah tirou férias e permaneceu na cama, chorando, durante duas semanas.

O terapeuta psicodinâmico tentou encontrar as razões para as dificuldades de Sarah. O primeiro passo foi descobrir como o comportamento de Sarah começou. Investigaram se seu comportamento atual começou num momento em que uma retração social ou emocional foi a única saída. Descobriram que o comportamento de Sarah começou aos cinco anos, depois que seus pais morreram num acidente de automóvel. Depois disso, Sarah foi criada pela avó que não se sentia confortável com crianças e não permitia que ela tivesse amigos. Assim, ela cresceu em um lar repleto de tristeza e regras rígidas.

Com o passar do tempo, Sarah e seu terapeuta compreenderam seu comportamento. Sarah ficou aliviada, mas ainda precisava de

3. Personagem fictício.

VENCENDO A DEPRESSÃO

ajuda para aprender como mudar. Superar obstáculos de personalidade e formar novas amizades ajudaram-na a sentir-se melhor e aliviar os sintomas.

O período gasto na Psicoterapia Psicodinâmica varia muito e depende da natureza dos problemas de personalidade, o que pode durar de poucos meses há vários anos. O número de sessões por semana também varia. Às vezes, paciente e terapeuta se encontram mais de uma vez por semana. Como na Terapia Interpessoal e na Terapia Comportamental-Cognitiva, cada encontro dura cerca de 50 minutos.

Outras formas de Psicoterapia Psicodinâmica incluem a Terapia de Casais, a Terapia Familiar e a Terapia em Grupo. Todas estas usam a mesma técnica de examinar como os fatores de personalidade contribuem para o sofrimento emocional. A Terapia de Casais explora questões que causam discórdia no relacionamento; a Terapia Familiar examina interações problemáticas entre membros da família; e a Terapia em Grupo explora o efeito da personalidade sobre a capacidade de formar relacionamentos sociais saudáveis.

A maioria dos terapeutas de grupo pratica a Psicoterapia Psicodinâmica. Contudo, há uma menor evidência científica de que tal terapia funcione na Depressão Clínica quando comparada à Terapia Comportamental-Cognitiva. Um estudo recente sobre depressão severa e crônica revelou que algumas formas de Psicoterapia Psicodinâmica Breve funcionaram bem. Funcionou melhor com pacientes que também receberam medicação.

Como declaramos acima, há uma variedade de psicoterapias efetivas para Depressão Clínica. Isso oferece esperança para aqueles que preferem terapia em vez de medicação.

"Fiz diferença porque busquei ajuda quando precisava e confiei no homem que chamei de meu salvador. Acredito que para obter ajuda durante a depressão você precisa encontrar alguém em quem confie. Se o primeiro terapeuta não ajudar, procure outro. Continue procurando até encontrar aquele que supra suas necessidades. Passei por três terapeutas antes de encontrar aquele que me fizesse sentir bem."

D. Psicoterapia de Apoio

A Psicoterapia de Apoio busca auxiliar as pessoas a lidar com o impacto da Depressão Clínica sobre o emprego e a vida familiar. Como a depressão prejudica especificamente a capacidade de agir no trabalho e em casa, muitas pessoas têm dificuldade de recolocar sua vida no trilho. Os problemas de adaptação podem seguir até mesmo depois que os sintomas depressivos são solucionados. A terapia de apoio destina-se a fornecer apoio emocional extra para os depressivos no momento em que lidam com mudanças no estilo de vida, para seguir sentindo-se bem. Não é eficiente como tratamento único da Depressão Clínica.

Auto-Ajuda e Grupos de Apoio. Muitos grupos de apoio social e auto-ajuda estão baseados nos princípios da Psicoterapia de Apoio. Organizações como a National Depressive and Manic-Depressive Association (NDMDA – Associação Nacional de Depressivos e Maníaco-Depressivos) oferecem ajuda às pessoas deprimidas e aos seus familiares. Falaremos mais sobre isso no Capítulo 7, "Vivendo com a Depressão".

A psicoterapia não é fácil. As pessoas enfrentam o desafio de mudar seus sentimentos, pensamentos e comportamentos. Nos estágios iniciais, antes que os sintomas avancem, pode ser bastante doloroso. Embora haja evidência da eficácia da psicoterapia, não é adequada a todos. O capítulo sobre opções de tratamento fornece maiores detalhes sobre os critérios de seleção.

VENCENDO A DEPRESSÃO

2. Farmacoterapia

Nos últimos trinta anos, algumas das mudanças mais drásticas na medicina ocorreram no campo da medicação terapêutica. Hoje existem mais de 20 medicamentos antidepressivo. Boa parte das novas medicações apresenta um menor número de efeitos colaterais, passando a causar menos transtornos do que algumas drogas anteriores. Os médicos têm uma escolha mais ampla e são capazes de combinar a medicação com as necessidades específicas do indivíduo.

Existem várias classes de medicamentos antidepressivo. Todos funcionam ao agir sobre um ou mais neurotransmissores. Como foi discutido no Capítulo 2, os neurotransmissores são substâncias químicas conhecidas por influenciar e regular o humor. Os farmacologistas classificam esses medicamentos de acordo com sua estrutura molecular básica (o modo com que os átomos são organizados) ou como afetam as substâncias neuroquímicas dentro do cérebro.

Os antidepressivos não são como antibióticos ou outras drogas que conferem alívio imediato aos sintomas. Não são como a tireóide e outros medicamentos de reposição hormonal que levam mais tempo para atingir seu ápice. Embora haja uma variação de indivíduo para indivíduo, a média necessária para que os sintomas melhorem está entre quatro e seis semanas.

Todos os medicamentos apresentam efeitos colaterais em potencial. Com os antidepressivos, boa parte dos efeitos colaterais iniciais desaparece ou diminui com o tempo. Alguns não têm importância; outros podem ser sérios e até mesmo ameaçar a vida. Sempre há a possibilidade de que a medicação interaja com outros medicamentos prescritos ou não.

A terapia antidepressiva deve ser ajustada a cada indivíduo. Principalmente com crianças, adolescentes e idosos. A possibilidade de efeitos colaterais sérios pode parecer assustadora ou devastadora, mas o médico e o farmacêutico podem ajudá-lo a entender os riscos, para que você possa fazer uma escolha consciente.

O tratamento com medicação é uma questão que deve ser discutida com seu médico. Cada pessoa apresenta exigências e circunstâncias diferentes e as necessidades individuais devem guiar a seleção dos medicamentos. Informaremos a seguir uma lista de antidepressivos, única e exclusivamente para o seu conhecimento. Voltamos a enfatizar que a utilização desses medicamentos deve ser feita *sempre* sob o controle do seu médico.

A. Antidepressivos Cíclicos

Os átomos são a chave de qualquer elemento químico e sua organização determina como esses elementos químicos se comportam. A palavra "cíclico" refere-se ao fato de que esses medicamentos apresentam pelo menos um anel de átomos em sua estrutura química. Os antidepressivos cíclicos impedem a destruição de norepinefrina e serotonina, aumentando assim os níveis de ambos os neurotransmissores.

1. Antidepressivos Tricíclicos (TCAs). O nome dessa categoria de medicamentos refere-se à sua estrutura química. A palavra "tricíclico" significa "três anéis". Ao analisar esses componentes, os químicos descobriram que esses antidepressivos têm o mesmo conjunto de átomos organizados numa formação cíclica no centro de sua estrutura molecular.

Os antidepressivos tricíclicos estão entre as primeiras medicações descobertas para um tratamento bem-sucedido da Depressão Clínica. Ainda são considerados tratamentos altamente efetivos e freqüentemente são o padrão utilizado para avaliar as novas drogas. Nas tentativas clínicas de uso de antidepressivos tricíclicos, cerca de 70 a 80% das pessoas com Transtorno Depressivo Maior se recuperam completamente ou parcialmente da depressão.

VENCENDO A DEPRESSÃO

Contudo essas medicações apresentam vários efeitos colaterais que limitam sua utilização a alguns grupos de pacientes. Os idosos e as pessoas com ritmos cardíacos irregulares geralmente não podem tomar essas drogas.

Os efeitos colaterais em potencial e as dosagens devem ser discutidos com seu médico. A Tabela 3.1 lista as medicações tricíclicas por meio de seu nome genérico e seu nome comercial (marca)[1].

Tabela 3.1 Antidepressivos Tricíclicos

Nome genérico	Nome comercial
Amitriptilina	Elavil, Endep
Clomipramina	Anafranil
Desipramina	Normapramin, Pertofrane
Doxepina	Adapin, Sinequan
Imipramina	Tofranil
Nortriptilina	Aventyl, Pamelor
Protriptilina	Vivactil
Trimipramina	Surmontil
Amoxapina	Asendin

2. Outros Antidepressivos Cíclicos. Assim como os antidepressivos tricíclicos, esses medicamentos também apresentam uma estrutura em anel. Entretanto, o número de anéis e os tipos de átomos dentro dos anéis diferem em cada uma das medicações. Outro nome para esse grupo é antidepressivo "heterocíclico"[*]. Sua deficiência clínica e efeitos colaterais são similares aos antidepressivos tricíclicos. A Tabela 3.2 traz a lista deles.

---

1. Muitos desses medicamentos encontram-se disponíveis apenas nos Estados Unidos.

[*] *Heterocíclico* composto em cuja molécula existe um ciclo constituído por átomos que não são todos da mesma espécie.

Tabela 3.2 Heterocíclicos

Nome genérico	Nome comercial
Maprotilina	Ludiomil
Trazodone	Desyrel

B. Inibidores Seletivos da Recaptação da Serotonina (ISRSs)

Este grupo de medicamentos varia em sua estrutura molecular, mas apresenta efeitos seletivos similares sobre o neurotransmissor serotonina. Os ISRSs inibem a quebra de serotonina. Os cientistas teorizam que esses antidepressivos elevam o humor ao aumentar a quantidade de serotonina disponível no cérebro.

Diferente dos antidepressivos anteriores, essas medicações podem ser tomadas uma vez ao dia, freqüentemente pela manhã. Isso pode ser uma grande vantagem para as pessoas que tendem a esquecer de tomar os remédios ou não desejam tomar seus medicamentos no trabalho ou durante outras atividades.

Assim como com outros medicamentos antidepressivos, os ISRSs apresentam efeitos colaterais geralmente sem importância, que desaparecem com o tempo. Entretanto, algumas pessoas vivenciam um menor interesse pelo sexo, problemas com a atuação sexual e prazer diminuído. Esses efeitos colaterais nem sempre desaparecem. Existem estratégias para ajudar a aliviar esses efeitos colaterais. Seu médico é a melhor pessoa para ajudá-lo com qualquer sintoma físico e efeito colateral relacionado à medicação.

A Tabela 3.3 lista os ISRSs por meio de seus nomes genéricos e comerciais.

VENCENDO A DEPRESSÃO

Tabela 3.3 ISRSs

Nome genérico	Nome comercial
Citalopram	Celexa
Paroxetina	Paxil
Fluoxetina	Prozac
Sertralina	Zoloft
Fluvoxamina	Luvox

C. Inibidores de Monoamina Oxidase (IMAOs)

A Monoamina Oxidase é uma substância química do corpo, uma enzima[1], que quebra dois importantes neurotransmissores, a epinefrina e a serotonina. Os cientistas acreditam que as medicações IMAO aumentam os níveis de ambos os neurotransmissores ao evitar seu rompimento.

Os IMAOs estão entre as medicações mais antigas usadas no tratamento da Depressão Clínica. Sua utilização data da década de 1950. Atualmente não são comumente usados porque interagem com muitas outras medicações, podem apresentar efeitos colaterais sérios e exigem algumas restrições de dieta. Por exemplo, não se pode comer queijo ou beber a maioria dos vinhos quando se está tomando esses medicamentos. Essas drogas interagem com a comida e podem causar problemas sérios com a alta pressão sangüínea. Entretanto, são bastante eficientes quando usados sob orientação cuidadosa de um médico. A Tabela 3.4 lista os IMAOs por seus nomes genéricos e comerciais.

---

1. Enzima é uma substância química que constrói ou rompe outras substâncias químicas.

Tabela 3.4 Inibidores de Monoamina Oxidase (IMAOs)

Nome genérico	Nome comercial
Isocarboxazid	Marplan*
Fenelzina	Nardil
Tranilcipromina	Parnate
Selegilina	Eldepryl

* Não disponível atualmente. Foi amplamente utilizado até a década de 1990 quando foi retirado do mercado pelo fabricante por motivos desconhecidos (possivelmente financeiros).

D. Antidepressivos de Última Geração

Muitos medicamentos antidepressivos de última geração apresentam estruturas moleculares amplamente diferentes e ações químicas únicas, diferente das categorias de medicamentos antidepressivo discutidos anteriormente. São os antidepressivos mais recentes, muitos aprovados apenas recentemente pela FDA (Food and Drug Administration).

Como regra, essas medicações apresentam um número menor e mais suaves de efeitos colaterais. Por serem recentes, os médicos e os pacientes podem, com o tempo, descobrir outros efeitos colaterais. Novamente, é importante que você discuta os possíveis efeitos colaterais com seu médico ou seu farmacêutico.

O desenvolvimento de medicações antidepressiva de última geração reflete a busca contínua por tratamentos efetivos e de melhor tolerância. As medicações da Tabela 3.5 eram consideradas "novas" quando este livro foi escrito. Felizmente, os cientistas continuam trabalhando em novos tratamentos para ajudar as pessoas com depressão.

Tabela 3.5 Outros Antidepressivos

Nome genérico	Nome comercial
Venlafaxine	Effexor
Mirtazapine	Remeron
Nefazodona	Serzone
Brupropion	Wellburtrin, Zyban

E. Ervas

A Erva de São João ou hipérico (*Hypericum perforatum*) é um preparado de ervas estudado e utilizado originalmente na Europa. Os médicos desse país usam-no para tratar formas suaves e moderadas de transtornos depressivos. Embora esteja disponível nos EUA, atualmente ainda não foi aprovado pela FDA para uso como antidepressivo. Entretanto, o National Institute of Mental Health (NIMH – Instituto Nacional de Saúde Mental dos Estados Unidos) está no processo de condução de estudos para avaliar sua eficácia.

Muitas pessoas assumem que as ervas vendidas sem prescrição médica são seguras, não percebendo que podem sofrer efeitos colaterais sérios. Assim como qualquer outra medicação, essas ervas podem interagir com outros medicamentos. É melhor tomar a Erva de São João ou hipérico sob orientação médica.

3. Procedimentos Terapêuticos

Esta última categoria de tratamento da Depressão Clínica inclui duas terapias que usam dispositivos médicos. Os médicos de saúde mental que os utilizam precisam ter um treinamento especial. Ambos os procedimentos são raros, mas efetivos para tipos especiais de Depressão Clínica.

Eletroconvulsoterapia (ECT)

De todas as terapias, a eletroconvulsoterapia (ECT) é, talvez, a mais incompreendida. Há muitas concepções erradas sobre o que seja e como é usada na prática clínica. Representações errôneas da mídia mostrando imagens num estilo Frankenstein desse procedimento somam-se à confusão gerada pela má informação de grupos que buscam tirar o crédito de toda a profissão na área de saúde mental.

O uso predominante da ECT se destina à depressão severa e/ou psicótica prolongada que não responde aos demais tratamentos. Os médicos também recomendam a ECT para pessoas severamente deprimidas que não podem tomar antidepressivos por razões médicas.

Como descrito na *Depressão em Cuidados Primários*, a ECT é um "tratamento reservado geralmente para a depressão severa ou psicótica ou estados maníacos que não respondem ao tratamento com medicação. Uma corrente alternada de baixa voltagem é enviada ao cérebro para induzir a uma epilepsia aparentemente com efeitos terapêuticos". Isso é considerado o único tratamento mais efetivo para pessoas com depressão severa que também apresentam fortes tendências suicidas. Cerca de 80 a 85% das pessoas com depressão que receberam a ECT obtiveram uma resposta terapêutica.

Durante a ECT, está presente um médico anestesista ou uma enfermeira que aplica um sedativo (anestesia geral) e um relaxante muscular antes do início do tratamento. Eles ficam presentes o tempo todo. Um médico especialista em saúde mental administra um breve choque de baixa voltagem através de eletrodos colocados em um ou ambos os lados do crânio. A pessoa que passa pelo procedimento de ECT não está acordada e, como é o caso de qualquer anestesia geral, geralmente não se recorda do procedimento.

O efeito colateral mais comum da ECT é um problema temporário de memória. Mas algumas pessoas apresentam problemas duradouros de memória. Os riscos associados a esse procedimento são os mesmos associados a qualquer anestesia geral. Uma discussão detalhada dos riscos específicos relacionados à anestesia está além do escopo deste livro e deveria ser levada a sério com o médico que recomenda a ECT. Além disso, há condições médicas especiais que impedem o uso da ECT. Assim como com outros tratamentos, todas essas questões deveriam ser discutidas com seu médico.

VENCENDO A DEPRESSÃO

Terapia de Luz

A Terapia de Luz é um tratamento bastante recente usado para sanar uma condição específica, o Transtorno Afetivo Sazonal (SAD). Estudos clínicos comprovam que essa terapia pode ser um tratamento efetivo da depressão com sintomas suaves ou moderados. Como descrito no Capítulo 2, as pessoas com esse transtorno vivenciam os sintomas durante certas estações do ano, geralmente no outono e no inverno.

Os pesquisadores consideram que pessoas com SAD são extremamente sensíveis à quantidade de luz do Sol em seu meio ambiente. Teorizam que, para alguns, o "ritmo biológico" depende de uma quantidade específica de luz para funcionar adequadamente. Durante o outono e o interno, quando o número de horas com luz do dia diminui, elas se tornam deprimidas porque o padrão de substâncias químicas no cérebro se altera.

Na terapia de luz, em uma sala, a pessoa se senta próxima a um aparelho configurado para emitir uma luz artificial excepcionalmente brilhante (aproximadamente 2.500 lux). Um médico, especializado nessa terapia, prescreve a quantidade exata de tempo necessária para o tratamento, geralmente duas ou três horas por dia, todos os dias por vários meses. Esses aparelhos geralmente são portáteis e podem ser usados em casa ou levados para o escritório.

COMO ESSES TRATAMENTOS SÃO USADOS NA PRÁTICA CLÍNICA?

Há três fatores que determinam a escolha do tratamento de depressão: o diagnóstico, o nível de severidade e as preferências pessoais da pessoa que sofre de depressão. O diagnóstico se refere ao tipo específico de Depressão Clínica. Como aprendemos no Capítulo 2, esse grupo de transtornos inclui várias síndromes clínicas distintas.

A Depressão Clínica é um termo geral que se refere a uma ampla variedade de transtornos clínicos que mudam em termos de número de sintomas vivenciados, tipo de sintoma e tempo ou persistência dos sintomas relatados.

Depois do diagnóstico, a determinante mais crucial das opções disponíveis é a severidade do distúrbio. O nível de severidade refere-se ao fato de os sintomas serem leves, moderados ou severos. Como regra geral, as formas mais leves de depressão acolhem mais alternativas de tratamento. Quando a depressão é severa, as escolhas restringem-se às modalidades que visam uma incapacidade séria.

A preferência pessoal é o terceiro fator chave a influenciar a seleção do tratamento. Embora as pessoas com depressão leve ou moderada tenham mais escolhas, mesmo aquelas com um grau severo têm um número de alternativas a considerar.

A seção a seguir resume as alternativas de tratamento. Um panorama que traz informações gerais sobre a administração clínica da depressão. Não sugerimos nem recomendamos terapias específicas. Como cada pessoa apresenta um conjunto único de necessidades e circunstâncias que devem ser consideradas, a decisão final em relação ao tratamento deve ser feita por você e por seu médico.

OPÇÕES DE TRATAMENTO

Somente psicoterapia, medicação ou uma combinação das duas são as alternativas típicas de tratamento para pacientes externos. A ECT e a Terapia de Luz também são usadas em quadros de pacientes externos, mas somente em circunstâncias especiais.

1. Somente Psicoterapia

A Terapia Comportamental-Cognitiva e a Terapia Interpessoal são tratamentos efetivos para a Depressão Clínica leve ou moderada.

VENCENDO A DEPRESSÃO

Atualmente, não há evidências que apóiem o uso exclusivo da Psicoterapia Psicodinâmica no tratamento da depressão.

Para revisar o Capítulo 2, as pessoas com depressão leve relatam sintomas expressivos, no entanto, são capazes de atravessar o dia sem nenhuma incapacidade significativa. Ou seja, embora não se sintam bem, conseguem trabalhar e realizar as atividades em casa com um certo esforço.

As pessoas com depressão moderada apresentam mais sintomas do que aquelas com depressão leve. Apesar de muito esforço, não conseguem funcionar bem no trabalho nem em casa. Sentem-se muito mal para trabalhar e freqüentemente faltam por motivo de doença. Sua vida se desenrola vagarosamente quando começam a apresentar dificuldades para cuidar de si e de seus familiares.

Usando qualquer uma das terapias, os depressivos geralmente começam a notar alguma melhora num prazo de seis a oito semanas, mas a resposta à terapia demora duas semanas a mais do que a resposta à medicação. O alívio completo dos sintomas pode durar mais, já que têm de aprender como aplicar as técnicas e sugestões desenvolvidas na terapia.

2. *Somente Medicação*

Embora os medicamentos sejam um tratamento efetivo em casos de depressão leve e moderada, passam a ser o tratamento padrão para a depressão severa. Principalmente nas depressões com sintomas suicidas e/ou psicóticos. É mais provável que os medicamentos sejam prescritos caso o médico seja um clínico geral, já que isso é algo que ele pode oferecer em sua própria prática sem a necessidade de uma consulta a outro médico ou terapeuta. A maioria dos médicos de cuidados primários não pode realizar a psicoterapia para depressão, com exceção da psicoterapia de apoio geral que faz parte de qualquer bom relacionamento entre médico e paciente ou parte da administração de medicamentos.

As pessoas com transtornos depressivos severos geralmente não conseguem trabalhar. Seus sintomas são tão críticos que sentem dificuldades para realizar coisas simples, como tomar banho e se vestir. Em casos extremos, os depressivos alucinam ou têm idéias bizarras sobre os outros e sobre si próprios. Perdem a capacidade de ver o que é real e o que não é. Alguns perdem a esperança a ponto de decidir que a vida não vale a pena. O tratamento dos sintomas suicidas é discutido na seção sobre Questões Especiais no Capítulo 6.

Para aqueles que tomam medicação, os sintomas geralmente apresentam uma melhora num prazo de quatro a seis semanas, conforme a medicação começa a fazer efeito. Entretanto, essas pessoas podem sofrer alguns efeitos colaterais. Tais efeitos podem ser insignificantes, apresentando melhora ou desaparecendo com o tempo, já que outros são mais persistentes. A gama de efeitos colaterais depende da medicação específica.

3. Psicoterapia e Medicação Combinadas

"Acho que o que me ajudou foi a terapia extensiva somada à medicação. Vou à terapia a cada duas semanas. Honestamente, posso agradecer a Deus, ao terapeuta e à medicação por estar viva."

Utilizar a terapia e a medicação juntas é provavelmente tão efetivo quanto qualquer um dos tratamentos e há uma evidência cada vez maior de que essa combinação seja melhor do que um dos tratamentos sozinho. O tratamento combinado é extremamente útil para a depressão crônica.

As terapias usadas no tratamento combinado incluem a Terapia Comportamental-Cognitiva (TCC), a Terapia Interpessoal (TIP), a Psicoterapia Psicodinâmica e a Psicoterapia de Apoio.

VENCENDO A DEPRESSÃO

4. ECT

A ECT é usada especialmente em duas situações, (1) quando a depressão severa não responde a nenhuma forma de administração de medicamentos e (2) quando uma doença médica séria impossibilita a administração de antidepressivos. Os médicos geralmente experimentam várias combinações diferentes de antidepressivos antes de considerar a ECT.

A ECT em pacientes externos envolve uma série de tratamentos dados no período de uma a duas semanas. O número de tratamentos depende da velocidade com que os sintomas melhoram. Alguns médicos relatam que a ECT apresenta um resultado bastante satisfatório no alívio de sintomas suicidas ou psicóticos que falharam ao responder a antidepressivos e antipsicóticos.

Quando utilizada por médicos treinados no uso desse procedimento, a ECT pode ser um tratamento seguro e efetivo com menos riscos ou efeitos colaterais. Como mencionado anteriormente, os efeitos colaterais incluem aqueles associados à anestesia geral.

5. Terapia de Luz

A principal indicação para a Terapia de Luz é a depressão leve ou moderada com um padrão de sintomas sazonais recorrentes. Freqüentemente, esse tratamento é usado em conjunto com medicações antidepressiva.

QUAIS SÃO AS INDICAÇÕES PARA O TRATAMENTO HOSPITALAR?

Às vezes, a Depressão Clínica é tão severa que os pacientes depressivos não podem ser tratados de maneira adequada e segura em um quadro externo. Esse é o caso daqueles sem esperança, que acreditam no suicídio como única saída e daqueles com pensamentos psicóticos, que se sentem impelidos a machucar os outros. Em ambos os casos o tratamento interno pode ser crucial para mantê-los afastados do perigo. O tratamento hospitalar também pode se fazer necessário quando o paciente deprimido não consegue agir em casa ou se torna tão apático que deixa de cuidar de si próprio.

Pensamentos suicidas

O risco de suicídio na depressão é bastante alto. De todos os pacientes tratados em clínicas especializadas, cerca de 15% ou um em cada sete pacientes, acabam cometendo suicídio. Como o perigo é muito alto, as pessoas com pensamentos suicidas precisam de avaliação *imediata* de um profissional da saúde.

Nem todos com pensamentos suicidas precisam de hospitalização imediata. Contudo, se o paciente for além do simples pensamento suicida e começar a planejar maneiras de realizá-lo ou acreditar que o suicídio é a única maneira de acabar com o sofrimento e apresentar um histórico pessoal ou familiar de suicídio ou tentativas de suicídio, a hospitalização pode ser a única maneira segura de tratar a depressão.

Pensamentos irracionais sobre machucar os outros

Às vezes, as pessoas com depressão severa começam a ter pensamentos irracionais. Quando isso acontece, começam a ter pensamentos bizarros e suspeitas paranóicas em relação às pessoas à sua volta. Às vezes, o pensamento fica tão perturbado que sentem necessidade de matar para se proteger ou para proteger seus entes queridos. Em sua confusão mental, acreditam que estão fazendo a coisa certa. Esses são sintomas de psicose e também exigem avaliação *imediata*.

Quando o paciente apresenta sintomas psicóticos severos que não respondem ao tratamento externo, especialmente quando começam

VENCENDO A DEPRESSÃO

a pensar em machucar os outros, a hospitalização é provavelmente a melhor maneira de proteger todas as pessoas envolvidas.

Depressão severa com perda completa de funcionalidade

Algumas pessoas com depressão severa perdem quase toda a capacidade de funcionar. Não podem cuidar de si e precisam de alguém pronto para alimentá-las, aciá-las e vesti-las. Algumas permanecem na cama o dia todo, outros passam o dia olhando para a parede. Geralmente não respondem ao encorajamento e sofrem com isso porque sentem que os demais não as compreendem.

Quando a medicação não ajuda, essas pessoas podem precisar de cuidados hospitalares intensivos.

A hospitalização permite uma observação clínica mais próxima. Os médicos podem avaliar minuto a minuto e cuidar dos sintomas mais perigosos. Os mesmos tratamentos usados em pacientes externos estão disponíveis para pacientes internos; entretanto, a menos que haja motivos específicos para não utilizá-los, os medicamentos são quase sempre parte do tratamento. Às vezes, os sintomas severos exigem uma medicação que só pode ser usada no quadro hospitalar. A ECT é um tratamento tanto para pacientes internos quanto externos.

A Tabela 3.6 traz uma comparação dos vários tratamentos de depressão.

ACHO QUE ESTOU CLINICAMENTE DEPRIMIDO...

Tabela 3.6 Comparação de Tratamentos

	Psicoterapia	Medicação	ECT	Terapia de Luz
Adequado para quais níveis de severidade da Depressão Clínica	Leve ou moderada	Todas (leve moderada ou severa)	Severa	Usada somente para o Transtorno Afetivo Sazonal
Custo	O custo exato para o indivíduo depende do plano de saúde (caso possua um) e do tipo de plano.			
Tipo de profissional treinado que pode fornecer o tratamento	Terapeuta, Psicólogo, Psiquiatra	Psiquiatra, Clínico Geral	Psiquiatra	Psiquiatra
Freqüência de visitas	Sessões semanais (às vezes, mais de uma sessão por semana)	Medicação diária com acompanhamento médico em intervalos de 1-3 meses dependendo do grau de melhora	Individualizada	Individualizada
Duração do tratamento	Geralmente de 12 semanas a 1 ano, mas pode durar mais tempo	Geralmente de 6 meses a 1 ano, mas pode durar mais tempo	Geralmente algumas semanas, mas pode durar mais tempo	Geralmente algumas semanas, mas pode durar mais tempo
Quando você começa a se sentir melhor	As respostas ao tratamento variam de indivíduo para indivíduo, veja o Capítulo 6 para obter maiores informações sobre o processo de recuperação.			

CAPÍTULO 4

OBTENDO OS MELHORES CUIDADOS

"Comecei a terapia e a nova medicação. Minha primeira visita à psicóloga foi incrível. Chegando ao final da sessão ela me disse: 'Depois de tudo o que você me contou, não é de se surpreender que esteja doente, deprimida e sofrendo ataques de ansiedade'. Finalmente alguém me compreendeu. Finalmente alguém me apoiou. **"**

"O que eu recomendaria para outras pessoas na minha situação é que procurem ajuda, procurem saúde mental, contem aos outros sobre seu problema. Se ao menos meu filho tivesse procurado ajuda, em vez de fazer com que as pessoas acreditassem que tudo estava bem, talvez ainda estivesse vivo. **"**

A boa notícia sobre a Depressão Clínica é que as pessoas não precisam sofrer em silêncio ou sentir-se condenadas a uma vida de incansável sofrimento emocional. Existem vários tratamentos de sucesso. Além disso, a descoberta de tratamentos novos e melhores continua.

Depois de ler os capítulos anteriores deu para perceber que você ou algum conhecido sofre de Depressão Clínica. Este capítulo trata sobre como obter os melhores cuidados possíveis. Passo a passo iremos orientá-lo sobre a obtenção do tratamento necessário para recuperar-se da depressão e começar a aproveitar a vida.

VENCENDO A DEPRESSÃO

A cura começa ao encontrar o profissional de saúde que poderá ajudá-lo da melhor maneira. Ficar esperando sem iniciar o tratamento só aumenta as chances de piorar os sintomas, tornando-os mais severos. Se você ainda não tem um médico de família ou se não costuma ir ao médico regularmente, encontrar alguém que trabalhe com você é essencial. Até mesmo ter um médico regular pode não garantir que obtenha os melhores cuidados.

Embora este livro forneça informações sobre os muitos sinais e sintomas da depressão, ele não pode substituir uma avaliação detalhada de um profissional treinado na área de saúde. É *muito importante* que qualquer pessoa com sintomas depressivos procure um médico, alguém experiente no diagnóstico e no tratamento da Depressão Clínica.

QUEM TRATA A DEPRESSÃO CLÍNICA?

Há duas categorias básicas de profissionais de saúde que diagnosticam e tratam a Depressão Clínica: Clínicos de Cuidados Primários e Especialistas em Saúde Mental. Esses dois grupos são divididos entre aqueles que prescrevem medicamentos, aqueles que fornecem psicoterapia e aqueles que fornecem ambas as modalidades.

Os Clínicos de Cuidados Primários fornecem cuidados médicos gerais. Outros termos usados para designá-los é "Médico de Família" ou "Clínico Geral". Existem as Enfermeiras Diplomadas que recebem um treinamento adicional em diagnóstico e no tratamento médico que também podem fornecer os cuidados primários. Os cuidados primários são aqueles gerais com a saúde que evitam doenças e o mantém saudável durante problemas de saúde física e emocional. As especialidades dos cuidados primários incluem a Clínica Geral, a Medicina Interna, a Pediatria e a Ginecologia.

OBTENDO OS MELHORES CUIDADOS

As especialidades da saúde mental incluem a Psiquiatria, a Psicologia e o Serviço Social. Alguns estados norte-americanos[1] licenciam outra categoria de profissionais – Orientadores Conjugais, Familiares e Infantis (MFCC – *Marriage, Family, and Child Counselors*) ou Terapeutas Conjugais e de Família (MFT – *Marriage and Family Therapists*) – para fornecimento de terapia. Todos os Especialistas de Saúde Mental licenciados recebem um treinamento especial em psicoterapia. Como a Terapia Comportamental-Cognitiva e a Terapia Interpessoal exigem um treinamento adicional, nem todos os Especialistas de Saúde Mental podem oferecer esses tratamentos.

O psiquiatra é um médico mestrado (M.D.) com treinamento especializado no diagnóstico e no tratamento de transtornos emocionais e mentais. Assim como outros médicos, ele pode prescrever uma medicação e, quando necessário, internar os pacientes no hospital. Na maioria dos estados norte-americanos, os psiquiatras ou neurologistas são os únicos especialistas que podem administrar a ECT.

Os psicólogos clínicos recebem treinamento em nível de doutorado (Ph.D.) no diagnóstico e tratamento de transtornos emocionais e mentais. Eles recebem um treinamento especial em testes psicológicos que são as ferramentas utilizadas para avaliar as dificuldades emocionais, comportamentais e de aprendizagem. Como regra geral, os psicólogos não estão licenciados para prescrever medicações ou internações.

Os assistentes sociais trabalham em várias áreas da saúde, incluindo a saúde mental. Existem três níveis educacionais no serviço social: Bacharelado em Serviço Social Clínico (L.C.S. W – *Licensed Clinical Social Work*), Mestrado em Serviço Social

---

1. Por exemplo, a Califórnia.

(M.S. W. – *Masters in Social Work*), e Doutorado em Serviço Social (Ph.D.). Além da psicoterapia, os assistentes sociais recebem um treinamento para avaliação de problemas individuais e familiares relacionados ao bem-estar, à ausência de moradia ou a outras questões.

Como parte do processo de busca de tratamento, é necessário avaliar quaisquer obstáculos para sua participação completa em um plano de tratamento externo. Considerações financeiras, problemas para conseguir dispensa do trabalho, a necessidade de ter alguém que cuide das crianças e a resistência familiar contra a obtenção de ajuda para problemas emocionais são alguns dos fatores que dificultam a obtenção de cuidados regulares. A próxima *seção* ajudará você a identificar as possíveis barreiras, além de trazer sugestões de como superá-las.

PRIMEIRO PASSO: AVALIANDO AS BARREIRAS CONTRA A OBTENÇÃO DE CUIDADOS

A. *Plano de Saúde*

Em grande parte, seu plano de saúde determinará onde você pode buscar ajuda e que tipo de médico encontrará. O nível do plano de saúde determina o tipo de cobertura específico fornecida por ele. Como o plano de saúde é especialmente importante para que as pessoas possam obter cuidados, iremos discutí-lo em detalhes.

1. Caso você não tenha um plano de saúde...

A maioria dos estados norte-americanos tem um sistema de saúde pública para aqueles que não têm recursos financeiros para pagar pelos cuidados necessários. Caso você não tenha um plano de saúde, uma das primeiras coisas a fazer é investigar os recursos de saúde

OBTENDO OS MELHORES CUIDADOS

da comunidade. Talvez haja clínicas do governo ou do município onde você possa receber cuidados subsidiados pelo estado ou pela federação.

Alguns hospitais públicos também fornecem cuidados externos através de uma rede de ambulatórios. A lista telefônica das páginas amarelas quase sempre traz as instalações de saúde pública na sua área. Se não trouxer, a central de informações pode fornecer o número telefônico do departamento de saúde do seu estado. Eles poderão orientá-lo sobre o local mais próximo. Nos Estados Unidos os veteranos têm direito a receber cuidados nas instalações da *Veterans Administration*. As organizações locais de veteranos fornecem informações sobre a localização dos hospitais e das clínicas VA.

Os departamentos de saúde pública dos Estados Unidos também são uma boa fonte de informações sobre os critérios que garantem os programas de plano de saúde estaduais e federais. Dependendo de sua condição financeira, você pode ser qualificado para o *Medicaid* (o programa estadual) ou o *Medicare* (o programa federal que auxilia as pessoas com deficiências e aquelas acima de 65 anos). A cobertura do *Medicaid* varia em cada estado dos EUA. A maioria dos estados norte-americanos fornece pelo menos algum tipo de cobertura para serviços de saúde mental, embora nem todos façam isso.

Caso você tenha filhos em casa, você pode ser qualificado para o *Healthy Families* ou o S-CHIP (*State Children's Health Insurance*), um programa relativamente novo com parceria da federação e do estado que, assim como o *Medicaid*, cobre diferentes serviços da área de saúde, dependendo de cada estado.

Além das clínicas públicas, algumas comunidades têm clínicas sem fins lucrativos ou com financiamento privado que oferecem custos reduzidos para aqueles com problemas financeiros que não

VENCENDO A DEPRESSÃO

se qualificam para os programas estaduais ou federais. Algumas áreas têm programas especiais que ajudam a pagar pelos custos dos medicamentos. Algumas clínicas apresentam um programa de cobrança com "escala regressiva", em que os indivíduos pagam somente o que podem, geralmente baseado num conjunto pré-definido de regras para o pagamento.

2. Caso você tenha um plano de saúde...

Há dois tipos básicos de plano de saúde privado: plano de saúde por serviços e plano de saúde gerenciado. Alguns planos oferecem elementos de ambos. Quase todos os idosos nos EUA recebem o *Medicare*, que é um programa de saúde federal com dois componentes principais: Parte A, que é obrigatória, e Parte B, que é opcional e fornece cobertura adicional. O *Medicare* é um plano por serviço, mas também existem planos de saúde gerenciados que têm contratos com o *Medicare*. As pessoas com *Medicare* também podem ter um plano privado suplementar que age como qualquer outro plano de saúde privado, o que significa que o plano privado paga por parte do (ou todo) custo não-coberto pelo *Medicare*.

Os planos de saúde por serviço geralmente não limitam as escolhas do assegurado quanto a médicos ou instalações de saúde. Usando instruções padrão para o fornecimento de treinamento e licença, o serviço escolhido pelo cliente é reembolsado. Os assegurados pagam uma porcentagem fixa ou uma parte dos custos do seguro depois de um prazo predeterminado de um ano. Essa porcentagem pode ser paga pelos assegurados ou por seus empregadores já que a maioria dos planos de saúde vem através da empresa.

Ao planejar os cuidados para depressão é importante antecipar que talvez você tenha uma cobertura para cuidados com a saúde mental inferior aos cuidados médicos gerais a que está acostumado.

OBTENDO OS MELHORES CUIDADOS

Você pode ver isso no contrato do seu plano e no resumo que se encontra no livro de referência ou no cartão do plano de saúde. As políticas dos planos de saúde têm mudado rapidamente nos últimos tempos, portanto certifique-se de que você tenha as informações atuais. Os custos com a saúde mental, caso tenha um plano de saúde por serviço, dependerão do tipo exato de cobertura.

Os cuidados com a depressão – especialmente a hospitalização e alguns medicamentos prescritos – podem ser bastante caros. É importante tratar a depressão antes que ela se torne tão severa a ponto de exigir um nível de cuidados que exceda a cobertura do seu plano de saúde.

Às vezes, os planos também excluem a cobertura para problemas preexistentes. Isso significa que caso já tenha tido um problema anterior, talvez seu plano de saúde não cubra os cuidados para o mesmo problema quando um novo plano for contratado. Isso pode acontecer tanto com problemas físicos quanto mentais. Às vezes, você ainda pode receber a cobertura para um problema anterior, mas terá de pagar mais por isso. É importante considerar essa característica quando for assinar o contrato. Se você já possui um plano de saúde e pretende ficar com ele por algum tempo, é provável que não haja problemas quando iniciar o tratamento.

Os planos gerenciados são o segundo tipo de planos de saúde hoje em dia. Recebem tal nome por utilizar tipos diferentes de "gerenciamento" para manter os custos com a saúde em um nível baixo. Eles também fazem uma vigilância administrativa e clínica, o que também é conhecido como gerenciamento de caso. De acordo com esses procedimentos, os médicos ou pacientes precisam ser aprovados para os cuidados necessários. Alguns planos de saúde oferecem uma combinação de elementos dos planos por serviço e

VENCENDO A DEPRESSÃO

dos planos gerenciados. Alguns por serviço oferecem uma lista de médicos e hospitais preferenciais.

Os planos de saúde gerenciados geralmente pagam por todos os cuidados autorizados após terem recebido as mensalidades. O assegurado que escolhe médicos fora da lista preferencial geralmente paga uma porcentagem maior dos custos com a saúde.

Com ambos os planos, é importante que você entenda qual é a cobertura oferecida. Você precisa:

1. Revisar seu plano de saúde. Listar os custos diferentes para a obtenção de cuidados com a saúde mental. Conseguir uma lista dos especialistas que podem fornecer tais cuidados no seu plano. Verificar se precisa de aprovação prévia.

2. Revisar sua escolha de médicos cobertos pelo plano.

B. Questões no trabalho

Tratar da saúde exige tempo. Caso seu trabalho não ofereça tempo para cuidados ou licenças médicas, pode haver outras maneiras de conseguir tempo para uma visita médica. Uma possibilidade é ajustar suas horas de trabalho (por exemplo, chegar e sair mais tarde do serviço) no dia da consulta para que não seja descontado do seu pagamento. Discutir opções de horário com seu chefe ou supervisor é uma maneira de começar. Uma alternativa é encontrar uma clínica que tenha horários noturnos ou no final de semana ou que possa marcar consultas quando esteja livre.

No estudo do *Partners in Care*[2], descobrimos que os pacientes que recebiam cuidados de boa qualidade para depressão estavam mais propensos a ter empregos do que os que não

---

2. Ao chegar ao 18º mês do estudo do *Partners in Care*, os pacientes que visitaram as clínicas com os programas especiais para melhorar a qualidade dos cuidados com a Depressão Clínica apresentaram uma tendência maior a conseguir empregos do que aqueles das clínicas sem os programas especiais.

OBTENDO OS MELHORES CUIDADOS

recebiam tratamento efetivo. Os pesquisadores descobriram que um efeito importante da melhoria na qualidade dos cuidados com a depressão é a melhoria da estabilidade no emprego. Tratamento efetivo amplia as chances de conseguir um emprego e mantê-lo.

C. Atitudes da família e/ou crenças culturais

"Não deixe que tabus sociais impeçam que busque ajuda. Permita-se ser humano. Há mais de cinco bilhões de pessoas neste planeta e cada um de nós é único. Seja pelo menos tão bom consigo quanto é com os demais."

Os familiares ou as pessoas da sua comunidade cultural, racial, étnica ou social podem ter crenças ou atitudes que o deixam quanto à busca de tratamento médico. Talvez até achem que questões emocionais não deveriam ser discutidas fora da família. Ainda existem muitas pessoas que não compreendem que a depressão é uma doença *médica*, uma doença que afeta milhões de pessoas todos os anos. Buscar tratamento é um sinal de força, não de fraqueza. Quando seus amigos e sua família virem sua melhora, provavelmente mudarão de opinião.

Como aprendeu no Capítulo 1, existem muitos mitos sobre a depressão. Esses conceitos errôneos fazem com que algumas pessoas tenham atitudes pouco prestativas ou idéias irreais sobre esse tipo de sofrimento emocional. Pode ser difícil para a sua família, ou para você, aceitar a presença da depressão. Obter informações exatas é a melhor maneira de superar esse tipo de mal-entendido.

D. Cuidado infantil

A presença de crianças pequenas no consultório pode evitar que converse francamente com seu médico. A pessoa que estiver

VENCENDO A DEPRESSÃO

avaliando-o pode precisar fazer perguntas muito pessoais. Talvez você precise discutir problemas que seus filhos não devem ouvir. A maioria dos consultórios não tem um local adequado para cuidar das crianças durante seu horário de consulta. Pedir que um amigo ou familiar de sua confiança o acompanhe para cuidar de seus filhos, enquanto você conversa com o médico, é uma maneira de obter ajuda. Mesmo assim, levar os filhos para o consultório é melhor do que não buscar ajuda.

E. Transporte

As consultas freqüentes podem ser um desafio se você não tiver um carro ou morar em uma área sem transporte público de qualidade. Talvez sua comunidade tenha recursos para ajudá-lo a chegar às consultas médicas. Podem existir organizações sem fins lucrativos que forneçam o transporte em vãs, por exemplo. Uma maneira de investigar as possibilidades é entrar em contato com a agência local de serviço social.

Seus familiares e amigos podem ajudá-lo a iniciar e seguir com o plano de tratamento auxiliando com o transporte. Apesar de as fases iniciais do tratamento de depressão serem o momento em que você precisa de mais ajuda para chegar às consultas, conforme a melhora se apresenta, você será capaz de assumir a solução desse tipo de problema.

F. Ausência de instalações de saúde locais

Se você mora em uma área rural ou remota, onde não há instalações de saúde nem médicos, obter os cuidados necessários será mais do que um desafio. Alguns estados levam os médicos até áreas isoladas para conduzir clínicas médicas em intervalos regulares.

Alguns centros médicos nos Estados Unidos fornecem cuidados "a distância" através de um sistema chamado Telemedicina. Os médicos da Telemedicina usam a videoconferência ou a conferência

OBTENDO OS MELHORES CUIDADOS

por telefone para falar com os pacientes, e os farmacêuticos enviam as prescrições pelo correio para as pessoas que precisam de medicamentos. Para descobrir se seu estado fornece esse tipo de cuidado, entre em contato com o departamento de saúde. Amigos que vivem na mesma área também podem ajudar, compartilhando as estratégias para obtenção de cuidados.

G. Questões de linguagem (incluindo surdez)

Para algumas pessoas, a linguagem é uma barreira significativa, incluindo a linguagem de sinais. Encontrar uma clínica com profissionais da saúde que falem sua língua nem sempre é fácil. Algumas clínicas têm intérpretes treinados para traduzir em ambientes de saúde. Muitos centros que não têm pessoal treinado oferecem uma equipe que pode falar sua língua e comunicar suas preocupações. Perguntar sobre serviços de interpretação antes de marcar uma consulta pode ajudar a suprir essa necessidade.

Revisando as barreiras

A Tabela 4.1 apresenta alguns problemas que podem dificultar a obtenção de tratamento. Esta lista está baseada nos tipos de barreiras descritas pelos participantes do estudo *RAND Partners in Care*. Revise essa lista e marque quaisquer condições que se apliquem a você. Acrescente qualquer outro problema que estiver afetando-o e que não esteja na lista. Discuta sobre as barreiras com seu médico ou entes queridos, para que eles possam ajudá-lo.

Tabela 4.1 O que dificultaria a minha obtenção de cuidados?

Quais das seguintes razões dificultariam sua obtenção de cuidados?

1. Eu me preocupo com os custos.	SIM	NÃO
2. O médico não aceita meu plano de saúde.	SIM	NÃO
3. Meu plano de saúde não paga por esse tratamento.	SIM	NÃO

VENCENDO A DEPRESSÃO

Tabela 4.1 O que dificultaria a minha obtenção de cuidados? (Cont.)

4. Não encontro um lugar onde obter ajuda.	SIM	NÃO
5. Não consigo marcar uma consulta assim que preciso.	SIM	NÃO
6. Não consigo chegar até o consultório médico quando ele está aberto.	SIM	NÃO
7. Demoro muito para ir da minha casa ou do meu trabalho até o consultório.	SIM	NÃO
8. Não consigo contato pelo telefone nem deixando mensagens.	SIM	NÃO
9. Acho que não posso ser ajudado.	SIM	NÃO
10. Tenho muita vergonha de discutir meu problema com qualquer pessoa.	SIM	NÃO
11. Tenho medo do que os outros vão pensar de mim.	SIM	NÃO
12. Não consigo licenças médicas do trabalho para as consultas e minhas horas serão descontadas.	SIM	NÃO
13. Preciso que alguém tome conta dos meus filhos.	SIM	NÃO
14. Ninguém fala minha língua no consultório médico.	SIM	NÃO
15. Sinto-me discriminado devido à minha idade, raça, etnia ou orientação sexual.	SIM	NÃO

SEGUNDO PASSO: OBTENDO AVALIAÇÃO E DIAG-NÓSTICO CLÍNICO

❝[Obter tratamento foi] um empurrãozinho importante que me ajudou a falar sobre meus problemas e preocupações. Eu me abri mais com a minha família e consegui reconhecer que todos estavam ao meu lado para me dar apoio pelo tempo que fosse necessário para que eu pudesse voltar a ajudá-los. **❞**

De todos os passos, esse é o mais difícil. Nunca é fácil falar sobre problemas pessoais e é ainda mais difícil quando você se sente triste ou sem esperança. A depressão é uma doença extremamente

OBTENDO OS MELHORES CUIDADOS

incapacitadora. Ela pode sugar sua energia, tornando quase impossível a realização de coisas que o ajudariam a melhorar. Mesmo que você já tenha um médico de família, essa tarefa pode parecer pesada demais.

Há um provérbio chinês que diz: "A jornada começa com o primeiro passo". No caso da Depressão Clínica, a jornada em direção ao alívio começa ao encontrar um médico que o avalie e determine se você apresenta a Depressão Clínica.

Para a maioria, a primeira pessoa a ser procurada numa clínica pública ou privada é o Clínico Geral, alguém treinado para fornecer cuidados médicos gerais. Como você aprendeu no Capítulo 2, os sintomas depressivos podem indicar outras doenças além da Depressão Clínica. Por essa razão, é importante obter uma avaliação médica detalhada antes de começar qualquer regime de tratamento. Essa avaliação deve incluir um exame físico completo com exames de sangue para descartar outras doenças.

Como regra geral, os médicos perguntarão sobre quaisquer sintomas antes de realizar um exame físico. É importante que você mencione tudo o que o incomoda, incluindo a época em que seus sintomas começaram e se seus sentimentos afetam sua capacidade de trabalhar ou aproveitar as atividades sociais. Uma das melhores maneiras de garantir que você não esqueça de algo é anotar os principais sintomas e problemas em um pedaço de papel.

A Tabela 4.2 traz um exemplo do tipo de lista que deverá fazer. Você encontrará a mesma lista no Apêndice no final do livro, onde há um espaço reservado para que adicione quaisquer sintomas que não estejam nela. Copie, faça uma fotocópia ou remova a página, então coloque uma marca ao lado do(s) sintomas(s) que você vivencia. Há uma folha para que liste quaisquer medicações atuais na página 157 do apêndice. Leve

VENCENDO A DEPRESSÃO

as folhas preenchidas quando for à sua consulta. A lista o ajudará a lembrar de tudo o que você precisará dizer ao médico.

Tabela 4.2 Sentimentos que estou vivenciando

✓	Principais Sintomas e Problemas
	Sinto-me triste ou "vazio" a maior parte do tempo.
	Não tenho interesse pelas atividades que costumava considerar agradáveis, como sexo, esportes, leitura ou música.
	Tenho dificuldades para me concentrar, raciocinar, lembrar ou tomar decisões.
	Tenho dificuldades para pegar no sono, permanecer dormindo ou dormir demais.
	Percebi perda de energia e sinto-me cansado.
	Percebo uma mudança nos meus hábitos alimentares como perda de apetite ou alimentação exagerada.
	Perco ou Ganho peso sem esforço.
	Choro muito ou sinto muita vontade de chorar.
	Sinto-me irritado ou "no limite" o tempo todo.
	Sinto-me inútil ou culpado.
	Sinto falta de esperança ou pessimismo a maior parte do tempo.
	Penso muito em morte, incluindo pensamentos suicidas.
	Tenho dores de cabeça freqüentes e dores no corpo.
	Tenho problemas estomacais e digestivos com irregularidade no funcionamento intestinal.

Você também precisará informar seu médico sobre antigos tratamentos para depressão. Fornecer uma lista com todos os tratamentos e medicações anteriores ajudará a tomar a decisão sobre qual rumo tomar.

No *Partners in Care*, os participantes do estudo usaram listas de sintomas similares àquela apresentada no Capítulo 1. Isso os ajudou a explicar seus sintomas para os médicos.

Após conhecer o histórico dos seus sintomas, seu médico deverá fazer um exame físico de rotina e pedir alguns exames que podem incluir trabalho laboratorial, um raio X do tórax e um eletrocardiograma. O pedido de um exame interno (pélvico para mulheres e retal para homens) é conveniente se você não faz uma avaliação médica há mais de um ano.

Quando sua avaliação médica estiver concluída, seu médico o porá a par de qualquer descoberta física e discutirá se seus sintomas indicam a Depressão Clínica[3]. Se a resposta for "sim", o próximo passo é rever os tratamentos disponíveis e determinar um plano de ação.

TERCEIRO PASSO: TRABALHANDO JUNTO A SEU MÉDICO PARA ESCOLHER O MELHOR TRATAMENTO

“Sou uma pessoa de muita sorte por ter uma família amorosa e carinhosa ... e uma CG (Clínico Geral) muito compreensiva. Uma ouvinte maravilhosa que se tornou uma ótima amiga. Quando fiquei mais preocupada com a condição da minha saúde mental, ela me explicou em detalhes sobre a utilização de um antidepressivo.”

Infelizmente ser diagnosticado com Depressão Clínica não garante que obterá os melhores cuidados possíveis. Tudo depende do tipo de médico responsável por seu tratamento e dos recursos de saúde mental na sua comunidade, além da sua própria iniciativa e persistência, como pôde ver nas cartas relatadas neste livro.

Os Clínicos Gerais variam no nível de conforto e experiência ao prescrever antidepressivos. Além disso, em determinadas ocasiões os médicos diferem nas opiniões pessoais sobre a eficácia de alguns tratamentos. Principalmente no caso da psicoterapia. Muitos

---

3. Os resultados laboratoriais podem modificar ou alterar o diagnóstico preliminar.

VENCENDO A DEPRESSÃO

profissionais fora da área da saúde mental têm pouca ou nenhuma informação sobre o papel da psicoterapia como tratamento da depressão. Talvez eles não saibam que a psicoterapia estruturada é tão eficaz quanto a medicação no tratamento da maioria dos tipos de depressão que são tratados em pacientes externos.

Um estudo recente nos EUA descobriu que pessoas com Depressão Clínica em tratamento com clínicos gerais estão menos propensas a receber os cuidados adequados do que aquelas tratadas por especialistas da saúde mental. Isso não significa que você não obterá um bom tratamento caso consulte um clínico geral. Existem médicos de cuidados primários que tratam a depressão com bastante sucesso. Essa descoberta sugere que, quando possível, você deverá escolher seu médico com bastante cuidado. Certifique-se de que seu médico esteja ciente dos seus sintomas e tenha acesso a boas informações sobre o tratamento da depressão.

Há informações sobre o tipo de cuidados que garante um bom tratamento. A pesquisa do *Partners in Care* trabalhou com pacientes e médicos de cuidados primários para identificar maneiras de melhorar os cuidados com a depressão em ambientes de clínica geral. Os pesquisadores identificaram vários componentes que ampliam a qualidade, sendo a educação dos pacientes sobre a depressão um elemento muito importante. Prepararam materiais especiais, incluindo folhetos e um vídeo que explicava a Depressão Clínica e discutiram seus tratamentos.

As pessoas com depressão podem ter problemas para se lembrar dos compromissos e freqüentemente sentem dificuldade em gerenciar seu próprio tratamento. Por essa razão, outro ingrediente importante do estudo foi o papel da coordenadora de tratamento. Uma enfermeira, trabalhando nesse nível, ajudou os participantes a se prepararem para as consultas médicas ajudando-os a repassar e listar seus sintomas. Como coordenadora de tratamento, essa enfermeira também os ajudou a pensar sobre suas preferências de tratamento e orientou-os sobre as maneiras de levantar essa questão com o médico. Também controlou os horários das visitas e contatou os participantes que perderam as consultas. Acompanhar o efeito dos tratamentos nas pessoas, incluindo os efeitos colaterais e relatar os problemas para o médico.

Se o sistema médico aonde você vai para receber cuidados não tiver uma enfermeira ou outro profissional clínico que possa ajudá-lo assim como as coordenadoras de tratamento faziam no estudo do *Partners in Care*, ainda há maneiras de incorporar algumas das coisas que elas faziam no seu regime de tratamento. Talvez seu médico possa oferecer alguém que o lembre das consultas por telefone ou carta. Caso contrário, você poderia pedir a um bom amigo, companheiro ou colega de quarto que o lembre dos compromissos.

Trabalhar com um clínico experiente e familiarizado com o diagnóstico e tratamento da depressão é crucial para receber a medicação adequada e obter a orientação de um especialista em saúde mental quando necessário.

" ... Aqueles longos dias e semanas de depressão solitária já eram. Estou convencida de que caso não tivesse aprendido o que e como perguntar ou relatar o problema aos meus médicos eu ainda estaria no mesmo barco em que estava há quatro ou cinco anos. "

A. *Investigando os tratamentos disponíveis*

No Capítulo 3 vimos os tratamentos padrão da Depressão Clínica e foi apresentado um breve resumo de sua utilização na prática clínica. Cada um desses tratamentos (medicação, psicoterapia e procedimentos) pode ser usado sozinho ou em combinação, dependendo

VENCENDO A DEPRESSÃO

dos sintomas específicos de cada pessoa. Os tratamentos descritos naquele capítulo são baseados em evidências, o que significa que uma pesquisa clínica sólida confirma sua eficácia.

O Capítulo 3 também descreveu como a severidade dos sintomas determina a escolha do tratamento. Para revisar, na maioria dos casos, o tratamento somente com psicoterapia é uma alternativa para as pessoas com sintomas leves ou moderados. A administração de medicamentos é uma opção para todos os níveis de severidade, incluindo a depressão leve e moderada. O tratamento combinado também é uma opção para todos os níveis de severidade. Retornar ao Capítulo 3 pode ajudá-lo a rever essa questão.

Os recursos da saúde variam muito de comunidade para comunidade. Dependendo do local onde você vive e do seu plano de saúde, a ampla gama de tratamentos pode não estar disponível para você. Na realidade, suas opções de tratamento não dependem apenas das suas preferências e da gravidade dos seus sintomas, mas também dos recursos da sua comunidade.

Embora alguns hospitais e planos de saúde restrinjam os antidepressivos fornecidos[4], a maioria dos medicamentos está amplamente disponível. Esse não é o caso das duas psicoterapias que tratam com eficácia a Depressão Clínica. A Terapia Comportamental-Cognitiva (TCC) e a Terapia Interpessoal (TIP) exigem que os profissionais recebam treinamento e certificação adicionais. Os dois tratamentos usam protocolos especiais. Os psicoterapeutas na sua região podem não ter treinamento em TCC e TIP. Entretanto, obter algum tipo de psicoterapia ainda pode ser uma possibilidade, mesmo que seu médico não possa localizar um terapeuta de TCC ou TIP.

Os psiquiatras, psicólogos e a maioria dos especialistas de saúde

---

4. Algumas Organizações de Saúde Gerenciada Norte-americanas restringem seus formulários de drogas a certas medicações.

OBTENDO OS MELHORES CUIDADOS

mental recebem treinamento em psicoterapia de apoio e psicodinâmica. Pesquisas futuras poderão comprovar a utilidade dessas outras terapias no tratamento da depressão. Muitos terapeutas usam técnicas similares àquelas usadas na TCC e TIP, no entanto, a TCC e a TIP são atualmente as únicas duas formas de psicoterapia recomendadas para uso sem medicação.

B. Revendo preferências

As pessoas com depressão, especialmente aquelas com sintomas severos, podem se sentir sobrecarregadas com a idéia de ter de tomar uma decisão sobre o tratamento. Fazer escolhas é difícil quando uma pessoa tem dificuldade de concentração ou perdeu as esperanças.

Entretanto, após ler o capítulo sobre os tratamentos da depressão, você pode descobrir que se sente mais à vontade para iniciar a psicoterapia ou a medicação. O tratamento combinado pode ser sua escolha favorita. Se este for o seu caso, seu médico precisa saber como você se sente. A comunicação aberta é essencial para encontrar o regime adequado. Caso você não tenha nenhuma preferência, então poderá decidir baseado naquilo que se encaixa melhor na sua vida, nos custos ou até mesmo na preferência do seu médico.

Talvez você também tenha uma opinião sobre quem deve tratar sua depressão, incluindo a pessoa que prescreverá seus medicamentos. Caso prefira ver um psiquiatra para receber os medicamentos e seu plano de saúde permita tal opção, mencione o fato ao seu médico. É vital que você atue com alguém de sua confiança.

Caso esteja preocupado, existem maneiras de falar sobre essas questões sem parecer rude ou antagônica. A Tabela 4.3 traz alguns exemplos. Se você não se sentir à vontade ou confortável, poderá pedir que um amigo de confiança ou membro da família o

VENCENDO A DEPRESSÃO

acompanhe na visita ao médico e participe da discussão. Um clínico que realmente se importe sempre apreciará suas opiniões.

Tabela 4.3 Amostra de perguntas a serem feitas para seu médico com o intuito de determinar suas preferências e decidir quem tratará sua depressão

Se suas opções e preferências incluírem somente a medicação:	"Doutor X, você receitará minha medicação antidepressiva ou me encaminhará a um psiquiatra para a administração dos medicamentos?"
Se suas opções e preferências incluírem somente a psicoterapia:	"Se possível, gostaria de experimentar a psicoterapia antes de considerar os medicamentos. Ouvi falar sobre duas terapias especiais para pessoas com Depressão Clínica. Há terapeutas nessa região que possam fornecer esses tratamentos específicos?"
	Nota: se a resposta for "não", você precisa decidir se ainda gostaria de buscar somente a psicoterapia ou uma combinação com medicamentos.
Se suas opções e preferências incluírem um tratamento combinado:	"Gostaria de experimentar tanto a medicação quanto a psicoterapia. Há como organizar para que eu receba ambos os tratamentos?"

As Tabelas 4.4 e 4.5 apontam uma revisão do seu histórico de tratamento, fazendo-o pensar sobre suas preferências.

Tabela 4.4 Experiências e atitudes em relação ao tratamento de depressão

Conforme você e seu médico discutem as opções de tratamento, é importante conversar sobre suas experiências passadas, incluindo o tratamento de familiares.

Você já foi diagnosticado com depressão anteriormente?	SIM	NÃO
Se a resposta for sim, você recebeu algum tipo de tratamento?	SIM	NÃO
Você já tomou remédios antidepressivos?	SIM	NÃO
Se a resposta for sim, eles ajudaram?	SIM	NÃO

OBTENDO OS MELHORES CUIDADOS

Tabela 4.4 Experiências e atitudes em relação ao tratamento de depressão (Cont.)

Você já experimentou orientação ou terapia?	SIM	NÃO
Se a resposta for sim, isso o ajudou?	SIM	NÃO
Algum familiar ou amigo já experimentou orientação ou terapia?	SIM	NÃO
Se a resposta for sim, isso os ajudou?	SIM	NÃO
Você é contra a ingestão de medicamentos?	SIM	NÃO
Se a resposta for sim, por quê?	SIM	NÃO
Você é contra a orientação ou terapia?	SIM	NÃO
Se a resposta for sim, por quê?	SIM	NÃO

Tabela 4.5 Quais são minhas preferências pessoais quanto ao tratamento da depressão?[5]

✓	Opções e preferências
	Somente psicoterapia (para aqueles com sintomas leves ou moderados).
	Somente medicação (para aqueles com sintomas leve, moderados ou severos).
	Tratamento combinado – medicação e psicoterapia (para aqueles com sintomas leves, moderados ou severos).

QUARTO PASSO: INICIANDO TRATAMENTO – O QUE ESPERAR

❝Quando posso esperar uma melhora? *é uma das primeiras perguntas ao iniciar um tratamento para depressão. Apesar de a quantidade precisa de tempo necessária para a recuperação da depressão ser variável, há uma idéia geral de quanto tempo cada tratamento deveria levar. Assim como a maioria das outras doenças, a recuperação completa pode levar várias semanas.* **❞**

5. Caso todas estejam indicadas e disponíveis.

VENCENDO A DEPRESSÃO

A. *Somente Psicoterapia*

As pessoas com sintomas leves ou moderados que passam por uma sessão semanal de Terapia Comportamental-Cognitiva ou Interpessoal geralmente começam a se sentir alguma melhora num prazo de seis a oito semanas. O humor é elevado gradualmente, as pessoas passam a se sentir melhores e mais esperançosas em relação ao futuro. A recuperação completa geralmente leva várias semanas.

Alguns terapeutas sentem que outras formas de terapia também podem ajudar na depressão. Entretanto, as pesquisas ainda não confirmaram a eficácia de outras terapias. Por causa disso, é melhor ter cautela ao escolher qualquer tratamento que não seja padrão.

Para qualquer forma de psicoterapia, se no prazo de doze semanas você perceber somente uma pequena melhora, ou se seus sintomas não sofreram nenhum alívio, a medicação pode ser o próximo passo.

Para ter uma boa chance de se beneficiar com a psicoterapia, é necessário esforçar-se ao máximo para seguir com as consultas e as recomendações.

B. *Medicação*

"*Agora decidi tomar a medicação. Não quero ter de tomar remédios, mas é mais fácil atravessar os dias assim com eles.* **"**

As pessoas que tomam medicação geralmente começam a se sentir melhor por volta da quarta ou quinta semana. Os medicamentos são especialmente eficazes no gerenciamento de problemas com o sono, apetite e nível de energia. Estes são alguns dos primeiros sintomas a apresentar melhora. Com o passar das semanas, as pessoas se sentem menos deprimidas e mais otimistas em relação ao retorno normal da vida.

Todos os medicamentos trazem o risco das interações entre as drogas e dos efeitos colaterais. Alguns efeitos colaterais são

OBTENDO OS MELHORES CUIDADOS

insignificantes e desaparecem com o tempo. Outros são mais sérios e precisam de atenção médica imediata. Apesar de nem todas as pessoas que tomam antidepressivos vivenciarem os efeitos colaterais, cada uma precisa desse tipo de informação sobre a medicação que está tomando para estar preparada para tal evento.

Certifique-se de que compreendeu claramente a dosagem, a programação e os possíveis efeitos colaterais. Você precisa saber quantas pílulas deve tomar por dia, a hora exata de tomá-las e os sinais de alerta mais importantes. Discuta isso com o seu médico e peça um material explicativo para levar para casa. Muitas clínicas médicas e farmácias fornecem panfletos informativos com informações detalhadas. Há uma lista de fontes adicionais na página 179.

Assim como com a terapia, você também poderá precisar de ajuda para tomar os medicamentos da maneira prescrita pelo médico. Converse com o seu médico ou farmacêutico para garantir que você saiba a quantia exata e a hora certa de tomar suas pílulas. Alerte seu médico sobre qualquer efeito colateral. Não pare de tomar a medicação sem aprovação médica.

"O engraçado é que agora eu me sinto melhor do que antes de ter ficado doente. Realizei muitas mudanças positivas na minha vida e de algum modo me sinto mais forte do que antes da depressão. Será que a depressão voltará um dia? Espero que não, mas sei que se ela vier estarei pronta."

CAPÍTULO 5

DEZ COISAS QUE POSSO FAZER PARA ME AJUDAR

É difícil pensar em fazer qualquer coisa quando se está sentindo-se fraco ou desmotivado. Entretanto, até mesmo as pequenas mudanças podem trazer benefícios significativos. Além de obter um tratamento clínico, há muitas coisas que pode fazer para se ajudar. Este capítulo discute dez opções. São técnicas simples e sem complicação que podem, como o tempo, auxiliar no processo de recuperação. Contudo, essas mudanças deveriam complementar e não substituir os cuidados clínicos.

Se você está seriamente deprimido e sente que não tem energia para realizar qualquer uma das atividades discutidas aqui, talvez seja melhor esperar até que sua depressão comece a responder ao tratamento. Mas se sentir vontade de experimentar alguma dessas sugestões, há uma boa chance de que você sinta seus benefícios.

Há momentos em que você precisa pedir ajuda a um amigo ou a um familiar. Pedir ajuda nunca é fácil e pode ser especialmente difícil quando se está deprimido. No Capítulo 7 há uma seção especial sobre como conversar com a família e com os amigos sobre sua depressão. A Depressão Clínica também causa um impacto sobre as pessoas que se importam com você.

VENCENDO A DEPRESSÃO

DEZ COISAS QUE POSSO FAZER PARA ME AJUDAR

1. Ir para a cama sempre no mesmo horário

A interrupção do sono é um dos sintomas mais comuns e perturbadores da Depressão Clínica. Até mesmo as pessoas com depressão leve podem vivenciar a dificuldade de pegar no sono e notar que acordam com freqüência durante a noite. Nos estágios iniciais da depressão, algumas pessoas acreditam que a insônia é o principal problema e pensam que seu cansaço e falta de energia são o resultado da falta de descanso. Algumas pessoas se dirigem à farmácia para comprar remédios sem prescrição médica ou pedem soníferos para seus médicos. Outras, simplesmente esperam melhorar com o tempo. Esse sintoma raramente melhora sozinho e os soníferos são apenas uma solução temporária. Eles não tratam da base do problema e trazem um risco real de adição física e psicológica.

Felizmente, a insônia geralmente responde bem ao tratamento da depressão. Conforme a depressão se dissolve, o sono melhora. Entretanto, isso pode levar várias semanas até que você perceba os efeitos do tratamento. Como você aprendeu no Capítulo 4, tanto a psicoterapia quanto a medicação podem levar de quatro a seis semanas para começar a aliviar os sintomas. No período anterior à percepção de melhora, há uma técnica que pode ajudá-lo a pegar no sono: ir para a cama sempre no mesmo horário e ter a mesma rotina antes de dormir.

Isso pode parecer estranho para aquelas pessoas que adiam sua ida para a cama até que se sintam extremamente cansadas na esperança de aumentar suas chances de pegar no sono. Algumas pessoas temem que ir para a cama mais cedo significa ficar virando de um lado para outro durante longos períodos de tempo.

Um horário e uma rotina regulares, no entanto, são um meio de mostrar ao corpo que é hora de descansar. É uma prática que, com o tempo, prepara o corpo para o sono. A hora exata não importa tanto quanto o fato de se deitar aproximadamente no mesmo horário todas as noites. Esse hábito condiciona o corpo para o sono.

Ter um ritual na hora de dormir também auxilia. Pode ser algo tão simples quanto um banho noturno ou um copo de leite quente. Ler ou assistir televisão na cama não é bom para as pessoas que têm dificuldades para pegar no sono, já que ambas atividades exigem um certo nível de vigilância que pode impedir que a mente se acalme. O melhor é permanecer quieto num quarto escuro.

O mesmo tipo de condicionamento ocorre com alguém que precisa levantar no mesmo horário todas as manhãs para chegar ao trabalho ou à escola. Inicialmente, essas pessoas podem precisar de um despertador. Depois de algum tempo, no entanto, geralmente acordam automaticamente, freqüentemente antes do despertador, pois foram treinados pela rotina diária.

Os pacientes em tratamento que apresentam uma insônia severa que não responde ao tratamento ou a essas técnicas deveriam conversar com seu médico. Às vezes, uma experiência breve com remédios para dormir pode ajudar durante o período de reavaliação. Talvez o tratamento precise ser alterado ou modificado.

2. *Faça exercícios diários e moderados*

"Minha solução para a depressão foi matricular-me num curso de dança de salão... assim tenho motivos para me arrumar e sair de casa. Talvez as pessoas tenham medo, tenham caras tristes, mas as risadas enquanto se aprende e o som da música – eu vi mudanças. "

Há numerosos relatórios que demonstram que uma rotina de exercícios pode melhorar o humor. Mas vidas muito atribuladas

VENCENDO A DEPRESSÃO

podem dificultar, até mesmo impossibilitar, um horário livre para tais atividades. Até mesmo nas melhores circunstâncias, iniciar uma nova atividade física exige esforço. Entrar numa academia ou participar de uma aula de ginástica pode parecer muito transtorno ou caro demais.

Mas você pode aumentar suas atividades físicas sem preparações muito elaboradas e sem gastar muito dinheiro ou tempo. Há uma pesquisa que mostra que até mesmo pequenos períodos de tempo (apenas vinte minutos, três vezes por semana) são suficientes para aprimorar a condição física geral.

Uma das maneiras mais fáceis de se exercitar é caminhar. Não é necessário correr em ritmo acelerado, basta caminhar com uma velocidade que não o canse nem o deixe ofegante.

Se você não gosta de caminhar, há muitas outras atividades. Jardinagem, natação e bicicleta são outras maneiras de se tornar mais ativo. O importante é encontrar tempo para realizar as atividades regularmente.

Encontrar um companheiro de exercícios ou grupo pode ajudar as pessoas que não gostam de fazer exercícios sozinhas. Muitos centros comunitários coordenam caminhadas em grupo e fornecem os números de telefone de grupos locais.

Antes de começar qualquer rotina de exercícios, você deve visitar seu médico. Um bom momento para conversar sobre isso é quando está fazendo seu exame físico. Certifique-se de que vocês discutam também os exercícios adequados para sua idade, peso e condição física.

3. *Gerencie o estresse*

Não há como evitar todo o estresse da vida diária. A vida hoje em dia é bastante corrida e a maioria das pessoas precisa lidar com várias responsabilidades. Até mesmo aqueles que não trabalham fora de casa enfrentam o desafio de tentar coordenar muitas coisas para manter a vida pessoal e familiar em ordem.

Embora as pessoas apresentem respostas diferentes à pressão e ao esforço, estar sozinho ou sem apoio emocional, lutar com uma condição financeira limitada, viver na pobreza, enfrentar problemas com a família ou com relacionamentos no trabalho e sofrer com sérios problemas médicos são alguns dos motivos que podem deprimir alguém. Quando as circunstâncias estão ruins, o estresse pode se tornar um problema sério o suficiente para causar um impacto negativo na saúde e no bem-estar geral.

A preocupação e a ansiedade que acompanham as difíceis situações de vida podem aumentar o risco de desenvolver a depressão. Na verdade, freqüentemente a doença se instala durante os períodos emocionais mais vulneráveis. Para aqueles com Depressão Clínica, a doença é um peso a mais.

A maioria das pessoas não tem recursos para mudar a circunstância imediata. Mesmo se pudessem, geralmente não há uma solução simples e rápida para os problemas. O principal objetivo das práticas de gerenciamento do estresse é desenvolver meios construtivos de responder às situações difíceis. Veja a seguir técnicas e práticas que podem ajudar.

A. Prática espiritual

Muitas pessoas sentem que a fé espiritual os sustenta e conforta em momentos difíceis. Seguir uma tradição espiritual é parte essencial de suas vidas, podendo ser uma religião tradicional[1] ou não. A participação regular em rituais religiosos é uma maneira de diminuir a ansiedade e manter a esperança. Para essas pessoas, integrar as práticas religiosas ao programa de tratamento é a chave para auxiliar

---

1. Cristianismo, judaísmo, islamismo, budismo, hinduísmo etc.

VENCENDO A DEPRESSÃO

na diminuição do estresse associado à Depressão Clínica. Compartilhar as preocupações da doença com um guia espiritual pode aliviar a tensão. As práticas religiosas podem trabalhar em harmonia com qualquer tratamento de depressão.

Infelizmente, há momentos em que a desesperança da Depressão Clínica corrói a fé espiritual fazendo com que esta desmorone. Algumas pessoas temem estar perdendo a fé e vivenciam uma culpa e uma vergonha enormes. Se esse é seu caso, conversar com seu guia espiritual e obter um apoio espiritual adicional podem ajudá-lo a manter a esperança. As religiões mais tradicionais oferecem algum tipo de orientação pastoral para ajudar os necessitados.

B. Técnicas de relaxamento

“Meu terapeuta iniciou exercícios de relaxamento. A princípio eu não acreditei que pudessem me ajudar ... Foi fácil? não! Foi difícil e eu caí mais do que podia imaginar.”

Há várias técnicas de relaxamento que podem auxiliar no gerenciamento do estresse. *Biofeedback*[2], hipnose, yoga e massagem são quatro técnicas que podem ajudar a diminuir o estresse. Contudo, elas exigem que você trabalhe com profissionais certificados.

Outras práticas menos técnicas que você pode experimentar sozinho incluem ouvir fitas de relaxamento, banhos quentes, exercícios de alongamento e de respiração profunda. Essas técnicas aumentam a sensação de relaxamento ao aliviar a tensão muscular que acompanha o estresse.

A maioria das bibliotecas e livrarias traz livros de auto-ajuda e fitas que descrevem como fazer os exercícios de relaxamento.

---

2. “Biofeedback é uma técnica na qual um equipamento eletrônico é usado para permitir que a pessoa monitore suas respostas ao estresse para que possa modificá-las. Na hipnose, um profissional usa palavras e sugestões para ajudar o cliente a alcançar um estado profundo de relaxamento. Alguns profissionais treinam os clientes na auto-hipnose”. [Definição modificada do *Oxford English Dictionary*. Veja OED. 2/e versão online, 2002 (oed.com).

O atendente da biblioteca ou livraria local pode ajudá-lo a localizá-los. A Internet é outra fonte de informações (veja <http://www.saude.com.br>,<http://saudevidaonline.com.br>).

Às vezes, o estresse e a ansiedade são tão devastadores que nenhuma dessas técnicas funciona. Neste caso, uma das intervenções mais técnicas mencionadas acima pode ajudar. Peça ao seu terapeuta ou médico que forneça referências sobre um profissional qualificado.

4. *Evite ficar sozinho por longos períodos*

"*Agüento porque tomo aulas de desenho, de ginástica, sou voluntária em uma escola primária ... Sugiro que as pessoas se forcem a fazer atividades, mas que saibam como curtir um momento de silêncio* **"**

A depressão é uma doença que pode causar um sentimento enorme de solidão e isolamento. Muitas pessoas se afastam dos amigos e entes queridos porque se sentem muito mal. Para elas, interagir com os outros é doloroso demais. Até mesmo aqueles com personalidades extrovertidas e divertidas vivenciam mudanças drásticas na maneira com que se relacionam. Passam a evitar as pessoas de quem gostam e preferem ficar sozinhas. Passar muito tempo sozinho não é bom e pode piorar a situação. Quando as pessoas deprimidas se isolam, correm o risco de ficar ainda mais deprimidas.

Pesquisas com pessoas deprimidas mostraram que aquelas com pouco apoio social apresentavam maior risco de desenvolver a depressão. Pessoas isoladas socialmente tendem a vivenciar mais sintomas depressivos.

Para aqueles com sintomas leves ou moderados, tornar-se socialmente mais ativo pode ajudar no processo de recuperação. Isso não significa fazer atividades que causem mais estresse. O melhor é realizar atividades simples que não exijam muita energia nem esforço. Ir ao cinema ou a um *show* com os amigos, participar

VENCENDO A DEPRESSÃO

de um ritual religioso ou jantar com alguém são algumas das coisas que você pode fazer.

Algumas pessoas gostam de ser voluntárias nas organizações da comunidade. Elas sentem que ajudar os demais eleva seu humor e torna a vida mais significativa. Novamente, evite assumir tarefas que dificultem sua vida. Muitas comunidades organizam eventos para arrecadar dinheiro para obras assistenciais de caridade. Há campanhas em prol do câncer de mama, Aids, esclerose múltipla, diabete etc. Essas campanhas são um meio de se relacionar com outras pessoas enquanto realiza algo importante para você. Para aqueles que gostam de atividades atléticas, as participações esportivas são outras maneiras de socializar-se.

Os grupos de auto-ajuda também podem dar apoio social. Há organizações para pessoas deprimidas que fornecem informações e conduzem grupos de apoio para aqueles que convivem com a depressão. Geralmente não é preciso pagar para freqüentar esses grupos. Nos Estados Unidos, a *Nacional Depressive and Manic Depressive Association* (NDMDA) é uma dessas organizações, mas existem outras. Elas também fornecem grupos de apoio para amigos e familiares das pessoas com depressão. Fornecemos uma lista de locais que oferecem esses serviços na página 179. Além de informações sobre saúde mental, algumas dessas organizações defendem posições de pesquisa e política pública.

Para as pessoas com depressão severa, a situação é um pouco diferente. Elas geralmente apresentam dificuldade ao lidar com tarefas diárias simples. Nesse estado, a socialização está além de suas capacidades. Elas também precisam de um sistema de apoio social, mas para auxiliá-las em atividades como fazer compras no supermercado e lembrar-se das consultas médicas. Os familiares e amigos precisam envolver-se mais nas atividades diárias.

Se você sofre de depressão e vive sozinho, se não tem amigos nem familiares por perto, converse com seu terapeuta ou médico. Talvez ele possa sugerir meios para que você encontre pessoas e atividades que o mantenham em contato com outras pessoas que possam ajudá-lo.

Quando a falta de esperança se transforma em pensamentos de suicídio e morte, estar sozinho é muito perigoso. O risco de suicídio é muito maior entre as pessoas que vivem sozinhas e não têm apoio social. Quando uma pessoa com pensamentos suicidas começa a elaborar maneiras de se matar, a situação passa a ser uma verdadeira emergência. É necessária ajuda médica imediata.

Se você pensa seriamente em se matar e chegou a elaborar planos para tal, mas não consegue chegar a um médico, vá imediatamente ao pronto-socorro mais próximo para conseguir ajuda.

5. *Mantenha as consultas programadas*

As consultas regulares são parte integrante de qualquer tratamento. O médico ou terapeuta precisa vê-lo para avaliar seu progresso e decidir se qualquer parte do regime de tratamento precisa ser modificada. Isso é especialmente verdade se você estiver tomando remédios. Se você estiver sofrendo efeitos colaterais perturbadores e se seus sintomas mostrarem pouca melhora, talvez seu médico precise ajustar a dose ou mudar a medicação.

Manter as consultas programadas parece ser uma tarefa simples, mas para as pessoas com Depressão Clínica, não é assim tão fácil. Devido aos problemas com a concentração, várias pessoas sentem dificuldade para lembrar datas e horários. Isso, acrescido dos sintomas de fadiga e baixa motivação, transformam os cuidados freqüentes em um desafio.

VENCENDO A DEPRESSÃO

Aqui estão alguns cuidados que você pode tomar além de contar com sua memória para manter as consultas. Fazer tudo isso, ou apenas parte, pode ajudar. Aqui estão:

1. Marque as consultas em horários convenientes para você.

2. Tenha um calendário ou agenda com você o tempo todo.

3. Deixe um bilhete na porta da geladeira ou no espelho com uma lista das próximas consultas.

4. Peça para a secretária do consultório ligar ou enviar um cartão para você com a lista das datas e horários das próximas consultas.

5. Entregue uma cópia dos seus horários para um amigo ou familiar para que ele possa lembrá-lo das consultas médicas.

6. Organize suas dispensas do trabalho com bastante antecedência para que você não tenha de se preocupar com isso no último minuto.

Talvez você tenha outras idéias. Tome todos os cuidados e garanta o bom desenvolvimento do seu tratamento para sua recuperação.

6. *Registre e relate todos os efeitos colaterais da medicação*

"Preciso me esforçar para tomar a medicação corretamente e preciso estar ciente de que a nuvem negra pode vir a qualquer momento, é preciso viver um dia após o outro. **"**

Administrar a medicação com sucesso exige que você e seu médico prestem bastante atenção a qualquer efeito colateral. Como foi mencionado no item anterior, caso seus sintomas não melhorem ou caso você vivencie efeitos colaterais graves, seu médico pode precisar colocá-lo sob outra medicação antidepressiva.

Faça uma lista dos possíveis efeitos colaterais de sua medicação. Caso seu médico ou farmacêutico não tenha um folheto explicativo com essas informações, peça-lhe que faça uma lista. O Apêndice deste livro fornece formulários em branco que seu médico e farmacêutico podem usar.

7. Coma alimentos saudáveis

Uma nutrição adequada é um dos elementos fundamentais da boa saúde física e emocional. Uma dieta nutritiva pode auxiliar a recuperação. As pessoas com Depressão Clínica podem vivenciar uma mudança significativa de apetite. Perder ou ganhar uma quantidade significativa de peso em um período relativamente curto é muito comum. Em qualquer um dos casos, alimentar-se bem pode auxiliar na manutenção do equilíbrio do corpo enquanto este começa a curar-se.

Você pode obter informações de como construir uma dieta saudável pelas publicações do Ministério da saúde. Elas são oferecidas gratuitamente e estão disponíveis para *download* no site do Ministério: <http://www.saude.gov.br/bvs/publicações/alimentação_saudavel.pdf>. Há vários outros *sites* em que poderá encontrar informações sobre os fundamentos de uma dieta saudável. Você encontrará essas e outras fontes listadas na seção Recursos para a Depressão.

8. Evite assumir tarefas novas ou difíceis no trabalho ou em casa.

Um dos primeiros sintomas da depressão é a dificuldade de se concentrar e prestar atenção. Muitas pessoas deprimidas param de ler ou assistir televisão porque sentem dificuldade de se concentrar nas informações oferecidas. Assumir algo novo ou difícil exige um nível de esforço e concentração que está além da capacidade da maioria das pessoas com Depressão Clínica. Como o nível de estresse aumenta a cada nova responsabilidade, as pessoas passam a evitar as atividades que exigem esforço extra. Pessoas que realizam

VENCENDO A DEPRESSÃO

trabalhos perigosos, em que o menor lapso de atenção pode colocá-las em risco, precisam ter cuidados especiais.

Até que os sintomas melhorem e a depressão alivie, é melhor evitar qualquer nova responsabilidade. Isso é ainda mais importante quando você realiza um trabalho perigoso. Depois da recuperação, é provável que ache mais fácil assumir tarefas mais difíceis. Enquanto isso, é possível que queira discutir a situação com seu chefe ou supervisor. Se necessário, seu médico ou terapeuta pode ajudá-lo a explicar ao seu gerente. O Capítulo 7 traz maneiras de como fazer isto.

9. *Siga as recomendações do médico e do terapeuta*

"Depois de dois meses de terapia semanal e Prozac, comecei a sentir algum alívio. Senti como se cargas pesadas tivessem sido retiradas do meu ombro. Foi um período de muita esperança. Entretanto, cometi um erro ao parar de tomar o Prozac pensando que não precisava mais dele. Minha depressão voltou em duas semanas. **"**

A melhor maneira de garantir o sucesso do tratamento é seguir as sugestões e recomendações do médico e/ou terapeuta. Isso inclui seguir seu plano geral de tratamento e todas as instruções especiais.

Se estiver tomando antidepressivos, seguir seu plano de tratamento significa tomar a dose prescrita no horário correto todos os dias. Saltar doses ou tomar pílulas extras pode prejudicá-lo e desacelerar seu progresso. Conforme você começa a se sentir melhor, talvez fique tentado a suspender a medicação. Não faça isso. Mesmo com a melhora da depressão, você pode precisar tomar remédios por vários meses para evitar uma reincidência imediata. Nunca pare de tomar uma medicação prescrita sem discutir primeiro com o seu médico.

De tempos em tempos, os profissionais da Terapia Comportamental-Cognitiva (TCC) e da Terapia Interpessoal (TIP) passam "lição de casa". Essas lições geralmente incluem atividades como anotar os sentimentos e pensamentos que surgem entre as sessões. Talvez você se sinta cansado demais para fazer isso nos estágios iniciais do tratamento. As recomendações do terapeuta são parte integrante do tratamento e é essencial para sua recuperação que se esforce ao máximo para concluir as lições de casa.

10. *Evite o álcool e as drogas ilegais*

O álcool é uma substância que induz ao vício e também pode alterar ou deprimir o humor. O alcoolismo e a bebida em excesso aumentam o risco de desenvolvimento da Depressão Clínica. O mesmo é verdade para as drogas ilegais (às vezes chamadas de "drogas de rua") como a cocaína, o craque, a maconha e a heroína. Além do risco da depressão, há o risco real de se tornar fisicamente dependente de uma droga com efeitos devastadores e proibida por lei.

Se você tem problemas com bebida ou drogas e acredita ter desenvolvido o vício, fale com seu médico. Existem programas médicos e centros comunitários especializados no tratamento de viciados. Os Alcoólicos Anônimos e os Narcóticos Anônimos são duas organizações nacionais que ajudam as pessoas com esse tipo de problemas. Ambas organizações oferecem reuniões nas várias comunidades do Brasil.

A Tabela 5.1 e a Tabela 5.2 trazem uma lista das atividades gerais que podem ajudá-lo.

Tabela 5.1 Atitudes que posso tomar para me ajudar

1. Ir para a cama sempre no mesmo horário.
2. Praticar exercícios diários e moderados.

VENCENDO A DEPRESSÃO

Tabela 5.1 Atitudes que posso tomar para me ajudar (Cont.)

3. Diminuir o estresse.

4. Evitar ficar sozinho por longos períodos.

5. Manter as consultas programadas.

6. Relatar qualquer efeito colateral da medicação.

7. Comer alimentos saudáveis.

8. Evitar assumir tarefas novas ou difíceis.

9. Seguir as recomendações do médico e do terapeuta.

10. Evitar álcool e drogas ilegais.

Tabela 5.2 Atitudes que posso tomar para me ajudar

Além de obter o tratamento de um profissional, existem coisas que você pode fazer para se ajudar. Pense nas ações ou atividades que podem ajudá-lo no processo de recuperação. Coisas pequenas podem fazer grande diferença, portanto você não precisa planejar atividades especiais ou grandes mudanças. Faça uma lista das atitudes que pode fazer para se ajudar

Atividades agradáveis

(Faça uma lista das atividades que você considera agradáveis, divertidas, recompensadoras, significativas ou motivadoras; ex.: assistir a um filme, caminhar em um parque ou pela praia, ler etc.)

1.

2.

3.

4.

5.

Atividades relaxantes

(Cite atividades que te deixam relaxado e reduza o estresse e as preocupações; ex.: um banho de imersão, meditação, prática espiritual etc.)

6.

7.

DEZ COISAS QUE POSSO FAZER PARA ME AJUDAR

Tabela 5.2 Atitudes que posso tomar para me ajudar (Cont.)

8.

9.

10.

Exercícios, dieta e sono

(O que você pode fazer para manter uma dieta saudável, fazer exercícios regulares e dormir o suficiente?)

11.

12.

13.

14.

15.

Pessoas, lugares, coisas que devo evitar

(Há coisas que você deveria evitar até sentir-se melhor?)

16.

17.

18.

19.

20.

Outras idéias para recuperação

21.

22.

23.

24.

25.

CAPÍTULO 6

CONVIVENDO COM QUESTÕES ESPECIAIS

A Depressão Clínica afeta pessoas de todas as raças, etnias, gêneros, idades e situação financeira. Trata-se de um distúrbio comum. Entretanto, pesquisas atuais revelam que, em condições médicas gerais, alguns grupos têm maior dificuldade de receber o diagnóstico correto e o tratamento adequado. Essa descoberta traz uma preocupação séria. Isto significa que há segmentos da população que permanecem sofrendo a terrível dor da depressão enquanto já existem tratamentos bem-sucedidos.

Este capítulo analisa alguns problemas especiais encontrados por muitas pessoas com sintomas depressivos. Além de discutir as características que colocam as pessoas em riscos adicionais de receber cuidados inferiores ou inadequados, esta seção também discute circunstâncias especiais que aumentam o risco de desenvolvimento da Depressão Clínica ou alteram significativamente a intensidade dos cuidados necessários para a recuperação.

A. RAÇA, ETNIA E CULTURA

Embora não haja nenhuma evidência biológica comprovada para o conceito de raça, há grupos que compartilham características culturais, origens e experiências comuns. "Etnia" é um termo mais

VENCENDO A DEPRESSÃO

apropriado do que "raça" para distinguir os grupos sociais. Quando as pessoas falam de raças, geralmente se referem à cor da pele. Está claro que, para muitos, a cor da pele tem papel fundamental na maneira de interagir e tratar os demais.

O relatório de 2001 do *United States Surgeon General's Report on Mental Health* relatou diferenças marcantes de grupos raciais e étnicos no acesso aos cuidados com a saúde por parte das minorias além da qualidade dos cuidados recebidos. O relatório declara que: "As minorias têm menos acesso e menor disponibilidade de serviços de saúde mental. É menos provável que as minorias recebam os serviços de saúde mental necessários. As minorias em tratamento geralmente recebem cuidados de saúde mental de qualidade inferior". Neste relatório, a frase "minoria racial e étnica" refere-se a quatro grupos principais encontrados nos Estados Unidos: afro-americanos, hispano-americanos (incluindo americanos de origem mexicana e de outros países de língua espanhola), ásio-americanos (incluindo as ilhas do Pacífico) e nativos-americanos (incluindo os Índios Americanos e os Nativos do Alaska).

O preconceito, a discriminação, a interpretação cultural errônea, a desconfiança e a comunicação precária são algumas das teorias que devem explicar o porquê desses grupos receberem cuidados de qualidade inferior. A resposta mais provável é que as várias combinações desses fatores, bem como fatores adicionais como plano de saúde, situação financeira e recursos da comunidade, determinam o tipo e a qualidade dos cuidados que uma pessoa pode receber.

Frente a frente com essas informações, em particular se você é membro de uma minoria étnica, é possível que encontrar os cuidados necessários se transforme em um problema. Embora esses fatores sejam preocupantes, eles *não* significam que você não possa receber

CONVIVENDO COM QUESTÕES ESPECIAIS

um bom tratamento. Essas descobertas *significam* que você precisa estar atento aos cuidados prestados pela sua clínica e pelo seu médico.

Lidando com o preconceito e a discriminação

Raça, etnia e orientação sexual são três características que podem aumentar a probabilidade de enfrentar preconceito e discriminação. O sexo e a idade são outras. Caso seu médico o trate de maneira rude e abrupta ou mostre desinteresse, entre em contato com a pessoa responsável pela clínica ou consultório médico. Você deve fazer a mesma coisa caso o médico faça comentários inadequados que revelem atitudes negativas e preconceituosas. O diretor ou o responsável poderá ter uma conversa com essa pessoa e aconselhá-la sobre a necessidade de tratar a todos com respeito. Esse administrador também poderá encaminhá-lo para outro médico ou terapeuta. Um componente importante do tratamento de alta qualidade é o respeito. Não aceite os cuidados de alguém que o desrespeita.

Se vive em uma área com poucos médicos ou terapeutas e sente que não há como transferir seu tratamento para outro profissional, ter uma conversa franca com seu médico é uma possibilidade para solucionar o problema. O preconceito é uma questão altamente emocional e falar sobre isso não é fácil. Entretanto, há meios de enfrentar tal situação sem entrar em discussões fervorosas. A Tabela 6.1 fornece exemplos de frases que podem ser usadas neste tipo de situação.

Tabela 6.1 Sugestões de maneiras para conversar sobre assuntos delicados

"Não estou me sentindo à vontade. Acredito que minha (raça, etnia, gênero, idade, orientação sexual) seja um problema (ou um assunto difícil) para você. Gostaria de discutir isso antes de seguir com o tratamento".

Tabela 6.1 Sugestões de maneiras para conversar sobre assuntos delicados (Cont.)

"Receio que haja alguns mal-entendidos ou impressões erradas sobre mim baseados na minha (etnia, gênero, idade, orientação sexual). Também receio que isso possa afetar meu tratamento. Você está aberto (ou disposto) a conversar sobre isto?"

"Você já trabalhou com muitos pacientes com a mesma (etnia, gênero, idade, orientação sexual)? Sei que às vezes há alguns mal-entendidos ou impressões erradas acerca dessa questão, portanto gostaria de falar sobre isso".

Obter um tratamento efetivo é muito importante já que um tratamento inadequado pode pôr em risco suas chances de recuperação. Cuidados de má qualidade podem piorar ainda mais sua condição.

B. EXPOSIÇÃO DE SITUAÇÕES QUE AMEAÇAM A VIDA

Pessoas que atravessam determinadas situações que, de alguma forma, as ameaçam quase sempre vivenciam um desconforto emocional bastante sério. As pessoas com Depressão Clínica são especialmente vulneráveis; até mesmo aqueles em tratamento podem perceber que seus sintomas aumentam ou pioram, retardando a recuperação.

Nos últimos dois séculos, um número sem precedentes de pessoas vivenciou eventos catastróficos. Guerras, bombardeios, massacres, genocídio, tortura e terrorismo causaram muita dor e sofrimento para milhões de pessoas. Ser vítima de estupro, crime violento, acidente grave ou desastre natural, como um furacão ou um terremoto, também é extremamente traumático. Além disso, essas situações terríveis traumatizam aqueles que as testemunham e aqueles que escapam sem ferimentos físicos.

Os familiares, amigos e colegas de trabalho daqueles que morreram, se perderam ou se feriram também vivenciam um estresse

CONVIVENDO COM QUESTÕES ESPECIAIS

terrível. O ataque terrorista do dia 11 de setembro de 2001 matou milhares de pessoas, traumatizou outras milhares que conheciam e amavam as que foram mortas e feridas.

Fases da recuperação de um trauma

Elisabeth Kübler-Ross foi uma das primeiras médicas a documentar que o processo de recuperação de um trauma se dá em estágios distintos. A princípio, ela trabalhou com doentes em estágio terminal. Os médicos, baseados em seu trabalho, observaram que as vítimas de trauma passam por fases similares de recuperação emocional depois de vivenciar um evento que tenha ameaçado sua vida. As pessoas com Depressão Clínica atravessam os mesmos estágios depois de um trauma, no entanto, os sintomas são freqüentemente mais severos e permanecem por mais tempo.

Veja a seguir descrição das fases de recuperação de um trauma. Com o propósito de simplificar a discussão, a divisão foi feita em quatro estágios básicos: (1) choque e descrença; (2) raiva e tristeza; (3) reajuste emocional; e (4) retorno ao funcionamento comum "antes do evento". Os sintomas emocionais podem atravessar as quatro fases, mas são mais intensos durante as três primeiras. Como você pode notar, muitos dos sintomas são similares àqueles vividos durante um episódio de Depressão Clínica. A diferença é que os sintomas começam ou, no caso daqueles com depressão, aumentam significativamente, depois de um evento traumático.

Fase 1. Choque e descrença

A primeira resposta emocional a um trauma severo é o choque e a descrença. Estar próximo à morte ou testemunhar a morte e o desfiguramento de outras pessoas vai muito além do que a mente pode digerir imediatamente. Muitas pessoas ficam assustadas

VENCENDO A DEPRESSÃO

ou atordoadas demais para falar, outras entram numa crise de pânico e choram descontroladamente.

A insônia, o medo extremo, a ansiedade, a memória recorrente do evento e os pesadelos são sinais comuns de trauma emocional. Muitas vítimas vivenciam novamente o terror através de *flashes* vívidos que ocorrem em momentos inesperados. Algumas pessoas evitam tudo e todos que os lembrem o que aconteceu, outras não conseguem parar de pensar ou falar sobre o evento.

Os sintomas geralmente começam dentro de horas ou dias; entretanto, em algumas raras situações, os sinais de trauma emocional aparecem anos depois do ocorrido. Em geral, a reação emocional é mais severa durante as primeiras semanas e diminui de intensidade nos meses seguintes. Contudo, não há uma regra rígida. O nível de sofrimento pode variar de dia para dia, com alguns dias ou semanas piores do que outros.

Fase 2. Raiva e tristeza

Raiva e tristeza também são parte da recuperação. As vítimas e seus entes queridos geralmente sentem uma tremenda raiva contra aqueles que causaram o trauma, ou, no caso de desastres naturais, contra a natureza ou Deus. Às vezes familiares e amigos podem sentir raiva da pessoa morta ou ferida. Isso acontece especialmente se acreditam que essa pessoa, deliberadamente ou por inocência, colocou-se em perigo.

Além da raiva, as vítimas e seus entes queridos vivenciam uma tristeza aterradora. As lágrimas e os choros freqüentes geralmente ocorrem nesse período. Essa segunda fase também é o momento de luto e pesar intenso pela vida que tinham antes do evento.

Nos desastres, muitos sobreviventes sentem dificuldade de conviver com o fato de que ainda estão vivos enquanto os outros morreram. O termo usado para descrever esse fenômeno é "culpa

CONVIVENDO COM QUESTÕES ESPECIAIS

de sobrevivente". Assim como muitos dos outros sintomas, os sentimentos de culpa tendem a desaparecer conforme os sobreviventes aprendem a se ajustar à vida depois do trauma.

Fase 3. Reajuste emocional

Durante esse período, lentamente, mas de maneira constante, os depressivos passam a ter mais dias bons do que ruins. O número de sintomas diminui e a intensidade é menos severa. As vítimas começam a ajustar-se às mudanças de vida trazidas pelo trauma.

Fase 4. Retorno ao funcionamento normal

A maioria das pessoas volta ao funcionamento normal após o término do primeiro ano depois do trauma. No entanto, não há uma data rígida, já que os indivíduos são diferentes. Algumas pessoas levam mais tempo para recuperar-se emocionalmente. O trauma progressivo, o que acontece na guerra e os ferimentos ou deficiências que exigem cuidados médicos prolongados, podem retardar o processo de cura emocional.

Existem fatores que podem ajudar no processo de recuperação. A intervenção precoce é uma delas. Conversar com alguém especializado no gerenciamento do trauma emocional é a melhor opção, mas os grupos de apoio formados por outras vítimas de trauma também podem ajudar. Muitas equipes de atendimento emergencial têm profissionais de saúde mental disponíveis para aconselhar os necessitados. Os hospitais e as clínicas que atendem as vítimas de trauma geralmente fornecem uma equipe de saúde mental para assistir às vítimas de desastres e crimes violentos. Várias organizações estaduais e comunitárias financiam programas de assistência às vítimas que pagam pela terapia e pelos grupos de apoio.

As conseqüências emocionais de qualquer evento traumático podem ser agonizantes. Devido à dor e à ansiedade emocional

VENCENDO A DEPRESSÃO

severas, algumas delas se perguntam se seus sentimentos não são sinais de um transtorno mental mais sério. Como você aprendeu nos capítulos anteriores, as vítimas de trauma podem desenvolver sintomas que são similares àqueles vistos na depressão. Também é verdade que esses tipos de eventos podem aumentar o risco de desenvolvimento da Depressão Clínica. Porém, os sintomas considerados traumáticos "normais" se diferenciam da Depressão Clínica em dois pontos fundamentais: (1) os sintomas relacionados ao trauma iniciam quase imediatamente após a experiência ou a presença de um evento que ameaça a vida e, (2) com o tempo, às vezes, esses sintomas apresentam uma melhora lenta, porém consistente. Na Depressão Clínica, os sintomas não melhoram, na verdade, tendem a piorar com o tempo. Esse é um importante sinal de alerta. Se isso acontecer com você, mesmo depois de um evento traumático sério, procure um médico.

C. DEPRESSÃO EM CRIANÇAS E ADOLESCENTES

"Por favor, avisem aos pais que, caso seus filhos apresentem um comportamento estranho, isso não deve ser visto como um problema típico da infância ou problemas de crescimento. Alguns sinais que recebi e não levei a sério foram: uma criança solitária, muito quieta, que não participava das aulas, sempre assumindo a culpa por tudo e passiva demais. Esses são alguns sinais que reconheço agora. Ninguém percebia que poderiam ser problemas. Não são problemas para todos, mas é melhor ficar alerta. Tive muita sorte. Algumas crianças não têm tanta sorte assim."

Os adultos não são os únicos que podem ficar clinicamente deprimidos. As crianças e os adolescentes também podem sofrer desse transtorno tão perturbador. A depressão na infância é muito similar à depressão do adulto; entretanto, dependendo da idade da criança e do desenvolvimento emocional, a instalação pode ser mais sutil e os sintomas um pouco diferentes.

CONVIVENDO COM QUESTÕES ESPECIAIS

A maioria das crianças mais jovens tem dificuldades para expressar seus sentimentos em palavras. Do mesmo modo, os adolescentes também lutam ao tentar expressar como se sentem. O comportamento é o principal meio de expressão do desconforto emocional na maioria das crianças e adolescentes. Por essa razão, qualquer mudança significativa de comportamento, especialmente um aumento de atitude negativa ou *acting out* (atuação), deveria servir de alerta sobre o estado emocional da criança ou do adolescente. Na depressão infantil, os comportamentos negativos ou destrutivos ocorrem durante todo o dia, quase todos os dias e permanecem por várias semanas.

A agitação constante, com hiperatividade, inquietação e *acting out* são sintomas comuns da depressão infantil. O mesmo acontece com problemas contínuos de irritabilidade, nervosismo e raiva. Muitos sintomas se sobrepõem àqueles vistos nos Transtornos de Déficit de Atenção e Hiperatividade. O que distingue a depressão desses outros transtornos é o fato de esses sintomas representarem uma mudança no modo anterior de comportamento da criança ou do adolescente.

Assim como outras pessoas com depressão, as crianças também podem fechar-se em si mesmas e recusar-se a participar de atividades familiares e eventos sociais. As amizades sofrem conforme as crianças perdem o interesse pelos amigos. Até mesmo crianças muito pequenas podem perder o interesse nas brincadeiras e em outras atividades que costumavam apreciar no passado.

Reclamações constantes de dores de cabeça, dores de estômago e outras dores são especialmente comuns em crianças com depressão. Problemas com o sono e com o apetite também podem ocorrer, mas são menos comuns nesta faixa etária.

O baixo rendimento escolar é um dos primeiros sinais de depressão nas crianças e adolescentes nessa faixa etária. Suas notas caem apesar de se esforçarem para prestar atenção na aula. Muitas perdem o interesse pelo trabalho escolar e também pelas atividades extracurriculares. Algumas crianças diagnosticadas com transtornos de aprendizagem sofrem, na verdade, de Depressão Clínica. Nesses casos, o transtorno de aprendizagem se resolve quando a criança se recupera.

A depressão nos adolescentes é muito parecida com a depressão nos adultos, embora os adolescentes normalmente não reclamem de problemas com sono ou apetite. O abuso de substâncias pode se tornar um problema sério quando passam a ingerir álcool e drogas ilegais para aliviar sua dor emocional. A Figura 6.1 mostra o ciclo dos sintomas nos adolescentes e nas crianças deprimidas.

Assim como com os adultos, as crianças podem ser pegas numa espiral descendente de problemas cada vez maiores em casa e na escola. Crianças com as formas mais severas de depressão sentem desesperança. Algumas passam a preocupar-se com a morte e consideram o suicídio, segunda causa de morte entre adolescentes. Os garotos adolescentes, principalmente afro-americanos, hispano-americanos e americanos-nativos, são especialmente vulneráveis. A taxa de suicídio entre garotos de grupos étnicos minoritários é maior do que a média nacional. As garotas adolescentes também tentam se matar, mas o índice de suicídio completo é muito menor. Já entre crianças e jovens, o suicídio é raro. O item E discute o suicídio com maiores detalhes.

Conseguir um tratamento efetivo para crianças e adolescentes freqüentemente exige bastante esforço por parte dos pais e responsáveis. Crianças não são "pequenos adultos", suas necessidades emocionais e biológicas são diferentes. Por causa disso, o tratamento é mais complexo. Crianças exigem formas especiais de psicoterapia e doses individualizadas de medicação antidepressiva quando indicada.

CONVIVENDO COM QUESTÕES ESPECIAIS

Figura 6.1 Depressão em crianças e adolescentes: o ciclo dos sintomas

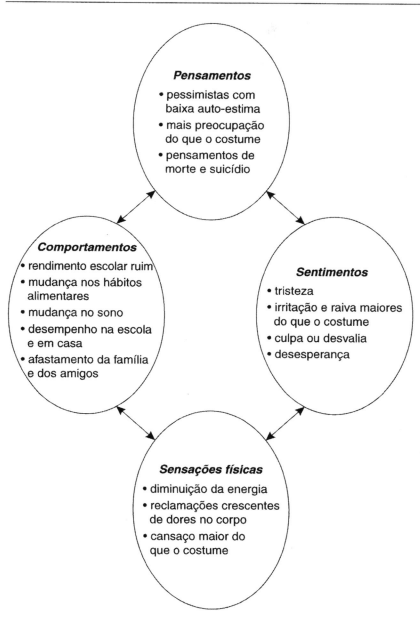

VENCENDO A DEPRESSÃO

Se, depois de ler todos estes itens, você suspeita de que seu filho sofre de Depressão Clínica, é extremamente importante levá-lo para ser avaliado por um profissional qualificado, alguém que seja experiente na identificação e no tratamento de problemas emocionais na infância. O primeiro passo é expor e discutir a situação com o médico de seu filho. Se seu pediatra ou médico de família tem pouca ou nenhuma experiência no diagnóstico e tratamento da depressão na infância, peça a indicação de um psicólogo ou de um psiquiatra especializado em transtornos emocionais em crianças e adolescentes.

Assim como com os adultos, a severidade da Depressão Clínica determina o tipo de tratamento recomendado.

D. DEPRESSÃO EM IDOSOS

"Viver sozinha; cuidar da casa e do jardim e estar na terceira idade com uma renda mensal pequena foram fatores determinantes dos meus períodos de depressão."

A Depressão Clínica é comum entre os idosos. O risco aumenta com a idade e é ainda maior depois dos 80 anos. Essa descoberta parece estar relacionada ao fato de os mais velhos apresentarem vários dos fatores que aumentam o risco da depressão em outros grupos. Por exemplo, é mais provável que os idosos vivenciem muitas perdas, incluindo a morte de um companheiro ou de um ente querido. Muitos lutam para viver com rendas fixas e caem no índice de pobreza. O isolamento social é bastante comum. Os idosos estão mais propensos a apresentar condições médicas sérias e muitas vezes incapacitadoras.

Os sintomas da depressão nos idosos são os mesmos apresentados por adultos mais jovens. Assim como acontece com crianças e adolescentes, a instalação dos sintomas nos idosos é freqüentemente sutil. Um dos principais problemas é que os transtornos médicos

CONVIVENDO COM QUESTÕES ESPECIAIS

combinados com as medicações que os idosos tomam freqüentemente podem mascarar os estágios iniciais da depressão.

Muitos assumem que o raciocínio lento, a memória fraca e os problemas com a concentração que acompanham a depressão são sinais de agravamento de uma doença médica. Alguns acreditam que seja a senilidade ou doenças como o Mal de Alzheimer.

As reclamações de fadiga, dores pelo corpo e problemas com o sono são bastante comuns nas síndromes como doenças cardíacas, diabete e artrite. Esses e outros sintomas similares também são comuns nas doenças neurológicas como o Mal de Parkinson e a esclerose múltipla.

Diagnosticar a Depressão Clínica é especialmente difícil quando o idoso sofre de várias formas de doenças que apresentam sintomas clínicos similares ou idênticos aos vistos na depressão. Além disso, para complicar ainda mais a situação, alguns medicamentos que tratam com eficiência dos problemas médicos comuns nos idosos também aumentam o risco de desenvolvimento da depressão (veja o Capítulo 2 e o Apêndice). Os primeiros sintomas da depressão também podem passar despercebidos naqueles que não apresentam doenças médicas. Eles acreditam erroneamente que sua falta de energia é simplesmente um sinal de velhice e que seus sentimentos cada vez maiores de tristeza vêm do fato de terem de lidar com muitas perdas e mudanças que ocorrem com a idade.

Algumas das barreiras para obter um tratamento efetivo são mais significativas na terceira idade, especialmente entre aqueles de baixa renda e que vivem sozinhos. Os que não dirigem e vivem em áreas sem transporte público de qualidade podem ter problemas para chegar ao consultório médico. Aqueles que precisam da assistência de um familiar ou acompanhante podem enfrentar problemas similares.

Felizmente, a maioria das cidades e estados norte-americanos tem

VENCENDO A DEPRESSÃO

áreas oferecem centros de terceira idade e outras instituições preparadas para ajudá-los. Qualquer uma dessas organizações pode ser uma boa fonte de informação sobre transporte ou outro tipo de assistência. O Capítulo 4 discute outras barreiras e dá sugestões sobre como superá-las.

Uma avaliação médica detalhada é tão importante para um idoso quanto para qualquer outra pessoa que vivencie sintomas depressivos. Pois apresentam mais condições médicas e tomam mais medicamentos, os idosos precisam de uma boa avaliação de seu estado de saúde antes de começar qualquer tratamento.

Os efeitos colaterais da medicação são mais comuns e freqüentemente mais sérios neles. Aqueles que tomam vários medicamentos enfrentam um risco de interações perigosas entre as drogas. Por isso os idosos com uma condição médica séria que apresentam sintomas depressivos leves ou moderados podem preferir evitar as medicações. A ECT é uma opção para aqueles com Depressão Clínica severa. Todas essas questões devem ser discutidas com o médico responsável pela avaliação clínica. Os idosos com depressão severa podem ser encaminhados a um psiquiatra geriatra que é um médico especializado no diagnóstico e no tratamento de transtornos emocionais em pessoas acima de 65 anos.

Felizmente, a maioria dos idosos responde ao tratamento do mesmo modo que os mais jovens. Um bom tratamento auxilia na recuperação dos idosos com Depressão Clínica. Embora os problemas médicos possam limitar as opções de tratamento, não impedem que alguém se recupere desse transtorno de humor. Um bom tratamento apresenta tanto sucesso e portanto tanta importância para os idosos quanto para outros adultos e crianças.

Um dos principais problemas dos idosos com depressão é ter pensamentos constantes e cada vez maiores sobre morte. Aqueles com depressão severa podem passar a desejar a morte e considerar o

CONVIVENDO COM QUESTÕES ESPECIAIS

pensamentos constantes e cada vez maiores sobre morte. Aqueles com depressão severa podem passar a desejar a morte e considerar o suicídio seriamente, sendo os homens aqueles que apresentam um dos maiores riscos de suicídio. Perceber o momento de obter ajuda é crucial. A próxima seção discute o suicídio e fala sobre maneiras de reconhecer quando é hora de obter ajuda emergencial.

E. PENSAMENTOS PERSISTENTES SOBRE MORTE E SUICÍDIO

"Era tão frustrante. Cheguei ao ponto em que desejava morrer. Até mesmo tentei o suicídio. Agora sei que isso não é a solução, mas o fim. Nada teria sido resolvido. **"**

O sintoma mais sério para alguém com depressão são os pensamentos suicidas. Os depressivos começam a sentir que não há como obter alívio, que não há saída para a intensa dor emocional. Perdem a esperança e começam a acreditar que a morte é a única maneira de parar a dor. Embora nem todos que pensam em morte considerem o suicídio seriamente, este é um sintoma perigoso. O risco de suicídio, especialmente entre aqueles com depressão, é real.

Apesar de tanto homens quanto mulheres tentarem o suicídio, os homens estão mais propensos a chegar às vias de fato. Os garotos adolescentes apresentam um índice maior de suicídio do que as garotas. O risco entre os homens aumenta com a idade e é maior em homens com mais de 65 anos. Apresentam uma probabilidade maior de usar uma arma de fogo ou outros métodos com um alto índice de fatalidade; já as mulheres tendem a tomar overdose de pílulas.

As pesquisas que observam o comportamento suicida revelam que há vários fatores que podem aumentar o risco de uma tentativa. Em resumo, esses fatores são: idade (superior a 65 anos); sexo

VENCENDO A DEPRESSÃO

masculino; ingestão de álcool e/ou drogas; tentativas anteriores de suicídio; Depressão Clínica; longa duração da depressão; perdas recentes; saúde física debilitada; desemprego; e solidão (incluindo solteiros, viúvos, legalmente separados e divorciados). É importante notar que os fatores de risco não são indicadores absolutos daqueles que cometerão suicídio. As pessoas que não apresentam quaisquer fatores de risco também podem realizar uma tentativa.

Nem todos aqueles com pensamentos suicidas chegam a cometê-lo. Algumas pessoas que pensam em morte não chegam a considerar o suicídio seriamente. A fé religiosa ou a preocupação com os efeitos de sua morte sobre seus entes queridos evitam que muitos tentem se matar.

Quando as coisas ficaram difíceis, muitas vezes quis abandonar este mundo. Foi o amor que tinha por meus três filhos e, claro, o medo de perdê-los, caso realmente cometesse suicídio que me impediu.

As duas perguntas mais importantes que devem ser feitas a alguém que fala sobre seu desejo de morrer são: "Você está pensando como faria isso?" e "Você já pensou quando faria isso?" Uma resposta para a pergunta "como?" pode indicar que a pessoa está imaginando ou planejando uma maneira específica de morrer. Uma resposta para "quando?" é freqüentemente mais preocupante. Isso significa que a pessoa está próxima da tentativa de suicídio. Formular um plano é um dos indicadores mais importantes de uma tentativa de suicídio.

Os pensamentos suicidas são sempre uma questão *muito* séria. Tais pensamentos podem ocorrer em todas as formas de depressão e em qualquer nível de severidade. Pessoas de todos os grupos étnicos e de todas as faixas etárias podem começar a pensar seriamente em se matar.

CONVIVENDO COM QUESTÕES ESPECIAIS

Lembre-se: a depressão afeta a maneira de avaliar-se e de avaliar o mundo. Sentir-se pessimista e sem esperança faz parte da doença. Para aqueles que já estão em tratamento, os pensamentos suicidas podem indicar que o plano de tratamento precisa ser reavaliado. Para aqueles que ainda não estão em tratamento, os pensamentos suicidas indicam a necessidade de uma avaliação médica cuidadosa.

Caso você ou um ente querido comece a pensar na morte e fantasiar maneiras de morrer, avise seu médico imediatamente. Você precisará de uma avaliação imediata para ver se é seguro permanecer em casa.

F. GRAVIDEZ

Se você está tentando engravidar ou está grávida, avise seu médico imediatamente, pois isso pode afetar suas opções de tratamento. Os efeitos colaterais potenciais dos medicamentos são sempre uma preocupação para mulheres grávidas ou aquelas que estão tentando engravidar. Embora haja evidências recentes de que a medicação antidepressiva é segura durante a gravidez, os verdadeiros riscos não são conhecidos.

Mulheres grávidas e aquelas tentando engravidar deveriam tomar cuidados especiais quando considerarem as medicações para um episódio de Depressão Clínica. Há evidências de que outras medicações que não os antidepressivos – tranqüilizantes, sedativos e outros estabilizadores de humor – podem causar efeitos perigosos na mãe e/ou na criança, especialmente durante os primeiros meses de gestação. Isso não significa que mulheres grávidas não possam tomar nenhum desses medicamentos. Antes de tomar qualquer pílula (prescrita ou não) todos os remédios devem ser discutidos cuidadosamente com o médico e/ou o obstetra. As mulheres diagnosticadas com depressão devem discutir suas opções de

VENCENDO A DEPRESSÃO

medicamentos com o médico antes de tentar engravidar. Para as mulheres com sintomas leves ou moderados, a psicoterapia, especialmente uma das formas eficazes discutidas anteriormente neste livro (Terapia Comportamental-Cognitiva ou Terapia Interpessoal), pode ser uma escolha efetiva de tratamento. Entretanto, caso uma mulher grávida tenha uma depressão muito severa e se torne suicida, pode não haver outra escolha além dos medicamentos e/ou a hospitalização.

Todas as questões especiais apresentadas neste capítulo representam áreas de preocupação específica. Rever cada tópico pode ajudá-la a diagnosticar os problemas e fornecer uma estratégia para encontrar as soluções.

CAPÍTULO 7

VIVENDO COM A DEPRESSÃO

As pessoas com Depressão Clínica já perceberam que viver com depressão não é nada fácil. É necessária muita coragem para iniciar cada dia sabendo que até mesmo coisas simples de se fazer, como sair da cama, exigem um esforço monumental. Mesmo assim, há milhões de pessoas que encontram forças para lutar, esperando que de algum modo as coisas melhorem.

Como discutimos nos capítulos anteriores, com o tratamento, há uma boa razão para se ter esperança. A recuperação é a regra, **não** a exceção. Sem tratamento, os sintomas da Depressão Clínica quase sempre se tornam mais severos. As pessoas deprimidas que não buscam cuidados especiais podem entrar numa bola de neve em que os sintomas só pioram, fazendo com que sintam que não há saída. Enquanto algumas pessoas – a minoria – melhoram por si só, não há como dizer se isso acontecerá com você. Esperar para descobrir se você vai melhorar sozinha pode levar meses, até mesmo anos. Quase todas as pessoas precisam de um bom tratamento para se recuperar.

Até mesmo com um bom tratamento, a vida não retorna imediatamente ao normal. A recuperação leva tempo. Há muitos caminhos para a recuperação e, às vezes, é preciso trocar ou adicionar novos tratamentos para obter um bom resultado.

VENCENDO A DEPRESSÃO

Este capítulo trata do processo constante, porém às vezes lento, que leva à cura. A primeira seção dá uma visão geral do que é importante saber sobre o processo de recuperação. Explicamos os quatro estágios da recuperação e revemos as maneiras de reconhecer quando seu plano de tratamento não está funcionando e precisa ser ajustado.

A segunda seção trata de questões no lar e no trabalho. Discutimos tópicos importantes como o sigilo que pode causar impacto sobre família e vida profissional. A privacidade é uma preocupação central para aqueles que temem a falta de compreensão e o tratamento equivocado caso revelem que sofrem de Depressão Clínica.

A terceira e última seção deste capítulo discute as diversas formas de reconhecer um episódio tardio de Depressão Clínica. O termo clínico para isso é *reincidência*. Apesar de todos os esforços, há momentos em que os sintomas depressivos retornam. Isto não é um sinal de falha nem do tratamento nem sua. O fato é que a depressão é uma doença que pode aparecer novamente. Uma reincidência pode ocorrer depois de meses ou anos sentindo-se bem. Felizmente, as reincidências respondem ao tratamento tão bem quanto os primeiros episódios. No entanto, há uma menor probabilidade de ocorrerem se você se recuperar completamente dos episódios anteriores. Iniciar o tratamento o quanto antes é tão importante para as reincidências quanto para o primeiro episódio. Protelar o tratamento resulta numa dor prolongada e desnecessária.

ESTÁGIOS DA RECUPERAÇÃO DE DEPRESSÃO CLÍNICA

"*Tive uma terapeuta dedicada que me ajudou a compreender que minha vida precisava mudar.* **"**

Uma das coisas mais difíceis no período entre o início do tratamento e a sua melhora é que este período exige muita paciência num momento em que os depressivos querem alívio imediato. Assim

VIVENDO COM A DEPRESSÃO

como com outras doenças sérias, os tratamentos não aliviam os sintomas depressivos do dia para a noite. A psicoterapia e os antidepressivos não são como os antibióticos que eliminam os sintomas em poucas horas e curam as doenças em poucos dias. Na Depressão Clínica, a maioria das pessoas começa a se sentir melhor nas primeiras semanas, mas talvez leve mais de um mês até que percebam uma melhora significativa. O tempo necessário para a recuperação completa, para viver completamente livre dos sintomas, pode ser maior. A cura ocorre em fases, durante vários meses.

O processo de recuperação ocorre normalmente em quatro estágios: Início do Tratamento, Resposta, Remissão e Recuperação. O tempo gasto em cada fase varia muito porque depende da severidade dos sintomas e da qualidade da resposta à terapia e/ou medicação.

Conhecer esses estágios pode ajudá-lo a avaliar seu progresso no tratamento. Você pode monitorar sua recuperação mantendo um registro semanal dos sintomas atuais. Faça várias cópias da lista de sintomas fornecida no Apêndice ou use um diário para registrar como você está se sentindo.

Nas fases iniciais do tratamento, é uma boa idéia monitorar seus sintomas a cada semana. Depois do primeiro mês, você pode registrá-los a cada duas semanas. Depois de vários meses, você pode monitorá-los mensalmente. Talvez você precise fazer isso durante seis ou doze meses para ter certeza de que sua melhora foi consistente e de que você permanece bem.

Estágio 1 – Início do tratamento

"*Quando meu orientador quis que eu entrasse na medicação, foi quando decidi que queria sair do inferno em que estava vivendo...* **"**

O primeiro estágio da recuperação, a fase aguda, começa no dia em que você inicia seu tratamento. Se você escolher a psicoterapia,

VENCENDO A DEPRESSÃO

esse estágio começa com a primeira sessão. Se for tomar medicamentos, o estágio começa com sua primeira dose. Com a ECT, ele começa com o primeiro procedimento.

Podem passar semanas desde o início do tratamento até que você perceba uma melhora parcial. Algumas pessoas sentem alguma melhora dentro de duas semanas; entretanto, a maioria sente que é preciso um mês antes que comecem a se sentir bem. Os sintomas físicos como problemas com o sono, apetite e fadiga geralmente são os primeiros a melhorar. A tristeza e o pessimismo levam mais tempo para se resolver.

Esse estágio dura o mesmo tempo necessário para que o corpo humano conserte um osso quebrado. Uma fratura simples leva cerca de seis semanas para cicatrizar. A primeira fase também leva cerca de seis semanas, mas pode durar até doze semanas. Essa analogia também se aplica ao modo geral com que o tratamento da depressão funciona. O gesso estabiliza e protege o osso fraturado, portanto permite que se cure. A psicoterapia e os medicamentos funcionam de maneira similar, pois ambos "estabilizam" a depressão e iniciam o processo de cura.

Para as pessoas em tratamento psicoterapêutico, esse é o período em que aprendem novas técnicas para lidar com situações e relacionamentos com impacto direto sobre seus sintomas. É um período para aprender não apenas sobre o que o machuca, mas também o que o auxilia. É essencial fazer as lições de casa e aplicar as sugestões do seu terapeuta, ignorá-las pode prejudicar suas chances de melhora.

Para as pessoas que estão recebendo medicação, esse é o momento em que você e seu médico decidirão os medicamentos e as doses que você tomará. A dosagem inicial nem sempre é aquela com a qual você permanecerá. Dependendo de sua sensibilidade à

VIVENDO COM A DEPRESSÃO

medicação inicial e seus efeitos colaterais, seu médico pode fazer ajustes no regime de tratamento. Talvez o médico avalie os níveis de antidepressivos no sangue para determinar a dose adequada para você. É nesse período que todas essas questões são resolvidas.

Já no final dessa fase, a severidade da depressão deve diminuir. Embora a maioria dos sintomas depressivos ainda esteja presente, eles são menos intensos. Como os sintomas depressivos aliviam lentamente, a pessoa com depressão geralmente é a última a reconhecer que está melhorando gradualmente. Os familiares e amigos são os primeiros a comentar sobre a melhora gradual do humor. Cada semana deve trazer um alívio adicional. *Se, no final das seis primeiras semanas, você não sentir nenhuma melhora ou sentir-se pior, seu médico ou terapeuta precisa reavaliar e alterar o regime de tratamento ou encaminhá-lo a um especialista.*

Para todos os pacientes com qualquer enfermidade, pode ser difícil seguir o tratamento "exatamente como o médico recomendou". É comum que as pessoas que estão tomando antibióticos sintam a tentação de suspender a medicação quando se sentirem melhores. Assim como com os antibióticos, parar os antidepressivos no meio do tratamento pode levar a uma reincidência ou ao retorno do problema.

Estágio 2 – Resposta ao tratamento

"O que [eu] recomendaria a outras pessoas nessa situação? Primeiro, que não tenham medo de pedir ajuda. Segundo, que escutem a si mesmas. Se você sabe que as coisas não estão bem, peça ajuda. Terceiro, não desista. O problema não desaparecerá do dia para noite. Conheça os sinais e saiba como lidar com eles. Pode ser uma luta eterna. Entretanto, com a ajuda dos seus médicos, pode ser muito mais fácil vencer. Ainda tenho momentos de depressão, mas nada parecido com o que já passei. A vida é maravilhosa. **"**

VENCENDO A DEPRESSÃO

O segundo estágio da recuperação começa quando o regime de tratamento estabiliza. As rotinas de psicoterapia e/ou medicação são fixadas e não precisam mais de uma reestruturação significativa. Há uma melhora perceptível em quase todos os sintomas depressivos. Os sintomas restantes estão muito mais brandos agora do que no início do tratamento.

Os *hobbies* e as atividades sociais voltam a ser interessantes. O pessimismo diminui e as atividades em casa e no trabalho são mais fáceis e exigem menos esforço. Algumas pessoas ainda vivenciam dias ocasionais de "melancolia", mas retornam ao estado normal rapidamente. As pessoas não passam mais dias ou semanas sentindo-se triste e desencorajadas. A sombra da depressão se desfaz.

Usar sua lista para manter um registro do declínio gradual da severidade e do número de sintomas é bastante útil durante esse período. Isso fornece evidência tangível de que a Depressão Clínica está respondendo ao tratamento.

As pessoas sentem um alívio imenso quando chegam nesse estágio. Por causa disto, algumas cedem à tentação de assumir projetos novos e difíceis. Elas assumem erroneamente que se sentir melhor indica que tudo está de volta ao normal. Este é um erro bastante grave. A analogia com a perna quebrada também se aplica aqui. Assumir uma nova tarefa ou um desafio antes que a depressão esteja completamente resolvida é como correr antes que a fratura tenha sido curada completamente. As pessoas que fazem isso correm o risco de se machucar novamente. Há o perigo real de prolongar a doença. Seguir as recomendações do médico e do terapeuta é tão importante durante essa fase quanto no início do tratamento.

O tempo gasto nesse estágio depende do tempo necessário para que os sintomas se aliviem. Geralmente, por volta do terceiro

VIVENDO COM A DEPRESSÃO

mês de tratamento consistente, a maioria dos sintomas mostra um alívio significativo. No final deste estágio, poucos, ou nenhum sintoma, está presente.

Estágio 3 – Remissão dos sintomas

"Depois de dois meses de terapia semanal e medicamentos, comecei a sentir alívio. Senti como se cargas pesadas tivessem sido arrancadas do meu peito. **"**

Durante esse estágio, a maioria, ou quase todos os sintomas depressivos diminuem ou desaparecem. Esse estágio também é chamado de fase de manutenção da recuperação. Isso se refere ao fato de que as pessoas deprimidas ainda precisam de alguma forma de tratamento para manter sua melhora. Nesse ponto, as pessoas com Depressão Clínica não têm mais uma aparência deprimida e apresentam um estado em níveis quase normais.

As dores físicas causadas ou associadas com a depressão diminuem. A capacidade de se concentrar nos detalhes retorna ao normal. As pessoas que anteriormente gostavam de ler não vêem a hora de iniciar um novo livro. O mesmo é verdade para outros *hobbies* e atividades de lazer.

As pessoas que participavam da Psicoterapia-Cognitiva ou Interpessoal precisam continuar praticando as habilidades aprendidas na terapia. Aquelas que conseguem aplicar essas técnicas e princípios de maneira consistente geralmente apresentam uma melhora constante.

As que estão sendo medicadas precisam continuar tomando os antidepressivos da maneira prescrita e seguir com o acompanhamento médico. A tentação de suspender os remédios é maior durante este período porque as pessoas se sentem muito melhores. Aquelas que estão sofrendo efeitos colaterais podem desejar diminuir ou

VENCENDO A DEPRESSÃO

suspender a medicação. Fazer isso é extremamente perigoso e aumenta significativamente as chances de os sintomas não apenas voltarem como até mesmo piorarem. O acompanhamento médico, enquanto segue a medicação, é vital para sustentar e aprimorar a recuperação.

A maioria das pessoas deveria continuar tomando a medicação antidepressiva por alguns meses após sentir-se completamente bem para garantir que o episódio seja curado totalmente.

" Trabalho todos os dias para seguir em frente, vivendo um dia após o outro. Cheguei a tentar suspender minha medicação algumas vezes, dizendo: 'Oh, eu posso agüentar sozinha'. Isso é uma piada. **"**

Estágio 4 – Recuperação e término do tratamento

Esse estágio inicia depois de um período prolongado de tratamento sem sinais imperceptíveis da Depressão Clínica. Normalmente, esse período está entre quatro e nove meses. Durante esse período, as pessoas basicamente não apresentam sintomas e são capazes de lidar com o trabalho e a vida familiar sem muita dificuldade. Isso não significa que tudo esteja perfeito. Elas ainda vivenciam os altos e baixos normais da vida diária. Mesmo assim, neste período, podem lidar com isso sem sentir-se sobrecarregadas. Este é o momento ideal para considerar o término do tratamento.

Algumas medicações precisam ser retiradas gradualmente. Suspendê-las de maneira abrupta pode causar efeitos colaterais desconfortáveis. Por exemplo, a insônia, as dores físicas, a náusea e a ansiedade são alguns efeitos colaterais decorrentes da suspensão abrupta de antidepressivos tricíclicos. Esses efeitos colaterais normalmente não duram mais do que uma semana ou duas, mas causam um desconforto desnecessário. A suspensão gradual da

VIVENDO COM A DEPRESSÃO

medicação antidepressiva pode durar de duas a oito semanas, dependendo do tipo de medicação e da resposta de cada indivíduo.

Este estágio também é o período para que aqueles em processo terapêutico avaliem se estão prontos para terminar a psicoterapia. Pode haver outras questões pessoais que exijam uma ajuda adicional. As pessoas que vivem em circunstâncias difíceis podem precisar de um apoio emocional extra que a psicoterapia pode fornecer. Outros podem estar prontos para terminar.

Após meses sentindo-se bem, algumas temem que os sintomas retornem e deteriorem suas vidas caso parem o tratamento. Talvez os familiares sejam parcialmente responsáveis por esses medos e preocupações ao questionar a suspensão do tratamento; outros podem exigir o término do tratamento antes que os pacientes estejam prontos. Para aqueles que sofrem de ansiedade, quando se trata de terminar o tratamento, discutir a situação com o médico pode ajudar. Há várias opções que podem facilitar o processo de término do tratamento.

A primeira alternativa é continuar o tratamento por mais três ou seis meses antes de tomar uma decisão. Durante este período, as sessões de psicoterapia, as doses da medicação e as consultas médicas podem continuar como de costume.

A segunda opção é diminuir gradualmente, espaçando as sessões de terapia e/ou diminuindo a medicação no decorrer de meses em vez de semanas.

A terceira alternativa é experimentar ficar sem tratamento num período de dois a três meses. (Este plano não é aconselhável para pessoas com histórico de depressão múltipla ou fatores de risco de reincidência.) Este acordo deveria incluir uma data específica para reavaliar a necessidade de cuidados futuros. O sucesso da experiência depende do contato com seu médico ou terapeuta assim

VENCENDO A DEPRESSÃO

que algum sintoma perturbador surja. Esperar até a próxima consulta programada não é inteligente e pode aumentar o risco de retorno da depressão.

A recuperação completa assinala o fim da Depressão Clínica. As pessoas começam a ter vida normal novamente. Em alguns casos, especialmente para aquelas que aprenderam com a psicoterapia, a vida fica ainda melhor.

O RETORNO DOS SINTOMAS DURANTE O TRATAMENTO

Há momentos em que os sintomas depressivos voltam à tona durante o tratamento. Entre 10 e 20% das pessoas vivenciam essa experiência. Isso pode ocorrer em qualquer estágio do processo de recuperação. Na maioria das vezes, esses episódios duram pouco e não são muito severos. Os sintomas geralmente são leves e desaparecem sem qualquer necessidade de intervenção clínica. Entretanto, se seus sintomas persistirem, piorarem ou ficarem severos, o plano de tratamento precisa ser revisto. A continuidade dos sintomas indica que há uma resposta inadequada ao regime atual.

A recuperação é a regra, não a exceção; contudo, há momentos em que as pessoas precisam de um tratamento contínuo e prolongado. Para um pequeno número de pessoas, os sintomas retornam sempre que elas tentam concluir o tratamento. Essas pessoas precisam continuá-lo por períodos muito mais longos.

Mais raro do que o retorno dos sintomas depressivos durante o tratamento é o desenvolvimento de uma síndrome chamada "mania" depois do início de uma medicação antidepressiva. A "mania" é a aceleração do humor a um ponto em que as pessoas se sentem agitadas, nervosas ou irritadas. Falam rapidamente e as idéias correm

VIVENDO COM A DEPRESSÃO

como raios. Dormem menos, mas não se sentem cansadas. Esses sintomas indicam a presença de uma doença chamada Transtorno Maníaco-Depressivo ou Transtorno Bipolar. Há tratamentos bem-sucedidos para o Transtorno Bipolar, mas são diferentes da medicação usada no tratamento da Depressão Clínica. Discutimos esse transtorno no Capítulo 3. Caso os sintomas maníacos surjam durante o tratamento da depressão, seu médico deverá encaminhá-lo a um psiquiatra.

Se houver um histórico de Transtorno Bipolar na sua família, você deve alertar seu médico durante a fase inicial de escolha do tratamento. Embora a presença de um histórico de transtorno maníaco-depressivo na família aumente o risco desta doença, nem todas as pessoas com histórico familiar desenvolvem sintomas maníacos quando tomam antidepressivos. Entretanto, seu médico pode querer monitorar seus sintomas mais de perto.

QUESTÕES FAMILIARES E PROFISSIONAIS

Muitas pessoas com Depressão Clínica se preocupam ao revelar seus sentimentos e suas experiências a entes queridos e às pessoas no trabalho. Não sabem como falar sobre sua depressão e se preocupam se os demais vão responder de maneira negativa. Algumas pessoas temem ser encaradas de maneira diferente, vendo-as como deficientes ou incapacitadas.

Outra preocupação é a de que as informações médicas vazem, o que os colocaria em uma situação constrangedora no trabalho, ou danificaria suas chances de conseguir um emprego no futuro. Muitos temem que seu chefe ou supervisor reaja com uma avaliação negativa, reduzindo seu posto ou até mesmo demitindo-os.

Esta seção trata de questões familiares e profissionais para aqueles que estão se recuperando da Depressão Clínica.

VENCENDO A DEPRESSÃO

Discutimos maneiras de minimizar ou superar os medos associados à revelação de informações tão pessoais.

Questões de privacidade no trabalho

Existem leis federais nos Estados Unidos que controlam a revelação de informações médicas. Na maioria das vezes, você tem a capacidade de determinar quem terá acesso às informações sobre sua doença e tratamento clínico. Entretanto, se seu emprego fornece plano de saúde, existe a possibilidade real de que alguém no departamento de Recursos Humanos saiba quando você recebeu o tratamento para depressão.

Para processar os pedidos, o plano de saúde exige documentação do diagnóstico que levou ao tratamento. Eles também têm acesso aos registros médicos como parte da revisão do processo. Caso isso o preocupe, você precisa conversar com seu médico sobre o nível de detalhes usados nos registros médicos.

Alguns trabalhos de alto risco e alto nível de segurança restringem os tipos de medicamentos que os empregados podem tomar enquanto trabalham. Esta situação pode exigir que os trabalhadores peçam uma longa licença médica ou sejam transferidos para um setor de nível inferior durante o período de recuperação. Felizmente, a maioria das pessoas com Depressão Clínica precisa de tratamento durante um período relativamente curto e podem retornar a uma rotina normal de trabalho.

A principal preocupação das pessoas com depressão é se devem ou não contar ao gerente ou empregador sobre a doença e, caso o façam, quando e o que devem revelar. Uma das principais determinantes é como você se comporta no trabalho. Isso inclui sua capacidade de chegar ao trabalho, permanecer lá e completar as tarefas designadas a você.

As pessoas com depressão leve freqüentemente podem seguir trabalhando, embora tenham de se esforçar para manter um ritmo normal. Podem determinar que não é necessário contar nada ao chefe, porque seu desempenho no trabalho está num nível alto o suficiente para que possam lidar com ele enquanto o tratamento entra em efeito. Entretanto, assumir tarefas difíceis pode causar problemas na recuperação. Pode ser mais inteligente conversar com seu chefe.

Já aquelas com depressão moderada talvez possam trabalhar, mas freqüentemente se atrasam e perdem os prazos. Nesse ponto, o supervisor e os colegas de trabalho provavelmente notarão que algo está errado. Alertar seu chefe para o fato de que você tem um problema médico e está em tratamento pode ajudar nos ajustes em sua carga de trabalho até que você volte ao normal.

As pessoas que sofrem de depressão severa geralmente estão tão incapacitadas que não conseguem completar suas tarefas e tiram mais licenças médicas do que os outros empregados. Aquelas que não revelarem nada sobre a verdadeira razão de seu baixo desempenho estão arriscadas a receber avaliações errôneas, o que coloca em risco seu futuro na empresa. Provavelmente as pessoas com depressão moderada ou severa desejarão negociar uma carga reduzida de trabalho até que estejam bem o suficiente para assumir mais tarefas.

Conversar com seu chefe ou supervisor não é fácil. Contudo, pode ser suficiente contar-lhe que sofre de um transtorno médico e está em tratamento. Dependendo do tipo de relacionamento que você tem com seu chefe, talvez não precise declarar a natureza exata da sua doença. Se você acredita que seu chefe pode ajudá-lo ao mesmo tempo em que mantém a privacidade das suas informações, você pode decidir revelar que está sofrendo de Depressão Clínica.

VENCENDO A DEPRESSÃO

Você pode presenteá-lo com este livro para que ele aprenda sobre este transtorno.

A maioria dos supervisores exigirá algum tipo de documentação, especialmente para justificar uma mudança na carga horária de trabalho. Seu médico poderá escrever uma simples nota documentando a existência de uma doença médica e declarando que você está em tratamento. Caso perguntem o tempo esperado para a sua recuperação, você pode dar uma estimativa baseada no seu estágio atual de recuperação. Conforme visto anteriormente neste capítulo, a média desde o início do tratamento até uma resposta significativa está entre seis e doze semanas.

Nos casos mais extremos, os depressivos precisam declarar uma incapacidade médica temporária enquanto se recuperam da depressão. Os médicos devem atestar a incapacidade e preencher os formulários necessários.

A maioria dos estados norte-americanos fornece algum tipo de compensação médica para os trabalhadores incapacitados, mas a quantidade de tempo e dinheiro varia. Alguns estados têm leis que protegem aqueles que precisam de uma licença médica temporária. Aqui no Brasil temos o INSS. É uma boa idéia verificar com o Departamento de Recursos Humanos ou Departamento de Pessoal para descobrir seus direitos em relação ao retorno ao mesmo emprego e local de trabalho depois da recuperação completa.

Cuidado: se você precisa deixar seu emprego, verifique a possibilidade de continuar com seu plano de saúde atual para que permaneça assegurado.

Conversar com seus colegas de trabalho é uma decisão muito pessoal. Se seu trabalho exige que colabore com os demais para realizar as tarefas, informar-lhes sobre seu transtorno médico e sua expectativa de recuperação total pode fazer com que colaborem

VIVENDO COM A DEPRESSÃO

com você. Em vez de avisar-lhes pessoalmente, talvez queira que seu supervisor informe de maneira discreta somente àqueles que precisam saber.

Conversando com a família e os amigos

"Para mim, isso significava que eu era menos que um homem quando acreditava não ser capaz de ajudar em casa e com tarefas físicas... [o tratamento] foi uma grande ajuda para que pudesse falar sobre meus problemas e preocupações. Isso ajudou-me a me abrir com a minha família e fui capaz de reconhecer que eles estavam do meu lado para me apoiar pelo tempo necessário até que eu pudesse voltar a ajudá-los. **"**

Você tem direito à privacidade, mesmo com sua família e amigos. Você deve pesar o desconforto da exposição e sua necessidade real de obter ajuda dessas pessoas. Provavelmente as pessoas que vivem com você diariamente já estão cientes de que algo está realmente errado. Na verdade, talvez façam uma melhor idéia do seu humor e nível de incapacidade do que você a princípio. As pessoas próximas a você também são afetadas por essa doença.

Os companheiros de relacionamento vivenciam experiências quase tão intensas quanto a pessoa com depressão. Também sofrem quando percebem que a pessoa que amam está vivenciando esse tipo de angústia. Nas fases iniciais do tratamento, elas precisam assumir responsabilidades maiores como controlar as consultas, lembrar os nomes dos medicamentos e suas doses, registrar os sintomas e participar das discussões com o médico sobre as preferências de tratamento.

Mesmo assim, conversar com seus entes queridos não é fácil quando você sente tristeza ou está preocupado por incomodá-los com seus temores. Se você sente que não pode discutir sua depressão com seu companheiro, peça ao seu médico ou terapeuta

VENCENDO A DEPRESSÃO

que o ajude a explicar. Vocês dois podem se reunir com o médico e falar sobre essa questão.

Se você não é casado ou não está num relacionamento íntimo, conversar com seus familiares e amigos pode ajudá-lo a superar o longo processo de encontrar um médico, obter um diagnóstico e iniciar o tratamento. As pessoas com sintomas moderados ou severos precisam de assistência até que cheguem ao ponto em que os sintomas não interfiram mais em suas vidas. Dividir suas preocupações com as pessoas que o amam pode ajudá-las a entender como podem apoiá-lo da melhor maneira.

Conversar com seus filhos também é importante. As crianças são muito sensíveis quando se trata dos pais. Talvez não entendam a natureza exata do problema, mas sabem que algo não está bem. Freqüentemente, os filhos assumem que qualquer mudança no comportamento dos pais é culpa deles. Isso é verdade independente do estado de humor dos pais, seja irritação, tristeza ou isolamento. Eles precisam saber que não são responsáveis pelo sofrimento dos pais.

A decisão sobre o que contar para os filhos depende da idade e do nível de maturidade emocional. Crianças muito pequenas não precisam de explicações longas e detalhadas. Elas não entenderão o conceito desse tipo de doença e provavelmente ficarão confusas. Mas são capazes de entender que têm dias em que as pessoas sentem dor e não estão bem. Elas também sabem que às vezes as pessoas precisam tomar remédio ou ir ao médico. Usar palavras diretas e explicações simples é a melhor maneira. Aqui está um exemplo de como conversar com uma criança pequena:

"A Mamãe [ou o Papai] não está se sentindo bem agora. Preciso da ajuda de um médico para melhorar. Não estou triste por sua causa. Você não fez nada errado. Tudo vai melhorar, mas pode demorar um pouquinho. Lembre-se apenas que eu te amo muito".

VIVENDO COM A DEPRESSÃO

As crianças mais velhas e os adolescentes podem entender conceitos mais complexos. Estão mais familiarizados com as doenças por causa da televisão, dos livros e de sua própria experiência. Contar-lhes sobre a depressão e fornecer informações precisas pode evitar que fiquem confusos. Os adolescentes que desejarem saber mais podem ler as seções deste livro. Enfatizar a esperança real de recuperação completa ajuda a dissipar seus medos. As crianças de todas as cidades precisam ser confortadas.

É importante continuar conversando e interagindo com os filhos, não importa a idade. Muitas crianças se sentem rejeitadas quando um dos pais fica deprimido e isolado emocionalmente. Excluí-los pode fazer com que se sintam indesejados ou mal-amados.

Quando as crianças e os adolescentes se sentem preocupados ou tristes, estão muito mais propensos a comportar-se de maneira a entrar em confusão em casa e na escola. Essa é sua maneira de comunicar seu sofrimento, porém isso se torna um peso a mais para uma mãe ou um pai com Depressão Clínica, especialmente, quando assumem sozinhos as responsabilidades de pai. Quando os pais deprimidos se sentem sobrecarregados pela reação dos filhos quanto à sua doença, pode ser necessário reunir a família com um terapeuta. Aqueles que ainda não estiverem em terapia podem pedir ao seu médico que indique um orientador. O terapeuta também pode dar sugestões sobre como incluir as crianças no processo de tratamento do pai ou da mãe depressivo sem sobrecarregá-las.

Às vezes, quando um dos pais fica deprimido, o filho fica deprimido também. Quando as crianças ficam deprimidas, isso pode passar despercebido para um pai com depressão. Se você sentir que mal está se agüentando enquanto tenta se recuperar, então peça para um familiar ou amigo de confiança ajudá-lo a garantir que seu filho receba uma avaliação e o tratamento necessário.

VENCENDO A DEPRESSÃO

RECONHECENDO A REINCIDÊNCIA

"Naquele episódio de depressão, que no meu caso é crônica, eu me saí bem. Ocasionalmente, ainda vivo dias terríveis, mas aprendi algumas coisas sobre como superar e ser capaz de perseverar. Supero tentando organizar meus pensamentos para que eu possa reconhecer a instalação de um episódio e agir adequadamente."

Às vezes, depois de anos sem sintomas, uma pessoa pode vivenciar um segundo episódio de Depressão Clínica. Cerca de metade das pessoas com Depressão Clínica desenvolvem um segundo ou terceiro episódio mais adiante. Infelizmente, a chance de vivenciar outra depressão aumenta a cada novo episódio. Noventa por cento das pessoas com um histórico de três episódios apresentarão um quarto. Novamente, a boa notícia é que a eficácia dos tratamentos não diminui. Quase sempre a mesma medicação ou a mesma classe de medicamentos, usada para tratar o primeiro episódio é igualmente eficaz para ocorrências posteriores do distúrbio. Do mesmo modo, a recuperação é a regra e não a exceção.

Reconhecer a reincidência é importante já que obter ajuda logo no início pode evitar que a depressão se torne severa. Os sinais e os sintomas de uma reincidência são os mesmos do episódio inicial. Os problemas com sono, apetite, nível de energia e humor retornam. Os sintomas podem apresentar uma instalação lenta ou rápida, dependendo do indivíduo. Os mesmos fatores e circunstâncias de risco se aplicam aos episódios posteriores: problemas financeiros, físicos e emocionais podem estabelecer o quadro para uma reincidência.

Quando há uma reincidência, a principal consideração é por quanto tempo se deve tratar a depressão. Existem circunstâncias especiais que podem indicar a necessidade de um tratamento prolongado com medicação antidepressiva. Quando isso acontece,

VIVENDO COM A DEPRESSÃO

o tratamento contínuo pode durar desde alguns anos até várias décadas. A duração do tratamento depende da severidade e da freqüência das depressões anteriores. Os médicos consideram um tratamento de manutenção de longo prazo para aquelas pessoas com três ou mais episódios de Depressão Clínica. O tratamento contínuo também é considerado para pacientes que vivenciam pelo menos dois episódios depressivos com as seguintes condições: 1) dois episódios num período de cinco anos; 2) forte histórico familiar de transtornos recorrentes de humor; 3) primeiro episódio de depressão antes dos 20 anos de idade; 4) dois episódios severos com pensamentos suicidas e 5) uma reincidência dentro do prazo de doze meses após o término de um regime de medicação bem-sucedido.

As pessoas que apresentam tanto a depressão crônica (Transtorno Distímico) quanto a Depressão Maior estão mais propensas a necessitar de um tratamento de longo prazo. Se você estiver em qualquer uma dessas categorias, você e seu médico deveriam considerar uma manutenção de longo prazo dos medicamentos. O principal objetivo do tratamento contínuo é evitar a recorrência da Depressão Clínica.

A Tabela 7.1 traz uma lista para que você assinale os sinais de alerta de uma reincidência.

Tabela 7.1 Sinais de alerta: Estou ficando deprimido novamente?*

Assinale ao lado dos sintomas que você vivenciou antes de iniciar o tratamento. Repassar essa lista de tempos em tempos irá ajudá-lo a perceber se você está ficando deprimido novamente.

✓	Sintoma	Como me sinto agora. É hora de buscar ajuda novamente?
	Sentir tristeza ou "vazio". Perda de interesse pelas coisas que costumavam ser agradáveis, como sexo, esportes, leitura ou música	

* Se você começar a vivenciar esses sintomas novamente, converse com seu médico.

VENCENDO A DEPRESSÃO

Tabela 7.1 Sinais de alerta: Estou ficando deprimido novamente? (Cont.)

Problemas de concentração, raciocínio, memória ou dificuldades para tomar decisões.	
Dificuldades para dormir ou dormir demais.	
Perda de energia e sensação de cansaço.	
Perda de apetite ou comer demais.	
Perda ou ganho de peso sem tentar.	
Chorar muito ou sentir vontade de chorar.	
Sentir-se irritado ou "no limite".	
Sentir culpa ou desvalia.	
Negatividade ou falta de esperança.	
Pensar muito em morte, incluindo pensamentos suicidas.	
Dores de cabeça e dores no corpo freqüentes.	
Problemas estomacais e digestivos com irregularidade intestinal.	
Outros sintomas:	

CAPÍTULO 8

COLOCAR TUDO EM ORDEM E PERMANECER BEM

Na depressão, a recuperação é um processo e não uma situação única e isolada. Mesmo nas melhores condições, a cura é um retorno gradual e, às vezes, lento aos sentimentos normais. O processo todo exige muita paciência. Como os depressivos e seus entes queridos ficam extremamente aliviados quando a depressão cede, às vezes se esquecem de pensar em maneiras de permanecer bem. Não percebem que depois que os sintomas melhoram é preciso voltar sua atenção para a manutenção da saúde, para fazer coisas que possam protegê-los contra um transtorno reincidente. Permanecer bem é tão importante quanto melhorar.

A primeira parte deste capítulo faz um resumo dos tópicos importantes vistos nos capítulos anteriores. Assim, teremos uma visão geral das questões chave a serem consideradas enquanto se atravessa o processo de melhora e manutenção da cura. O Capítulo 8 é muito similar a um guia de viagem que enfatiza as principais áreas e sinais de alerta sobre obstáculos potenciais. Neste caso, o guia conduz os viajantes por um processo de reconhecimento e

VENCENDO A DEPRESSÃO

obtenção de tratamento para um episódio depressivo. Em outras palavras, a jornada começa com o reconhecimento dos sintomas depressivos e termina com o início da recuperação.

A segunda parte do capítulo se dedica à manutenção, explorando maneiras de preparar-se para a vida pós episódio depressivo. Este capítulo apresenta todos os tópicos mencionados nos capítulos anteriores e os sintetiza em um plano simples de autogerenciamento para permanecer bem. Um plano não garante que você nunca vivenciará outro episódio depressivo, mas o ajudará a antecipar problemas e desenvolver uma estratégia para lidar com eles. Um plano de ação é como um treinamento de incêndio; você espera que o incêndio nunca ocorra, mas caso aconteça você está preparado.

PARTE I RESUMINDO A JORNADA

Vamos revisar a jornada da depressão até a recuperação. Assim como qualquer guia de viagem, este capítulo fornece um mapa na forma de um diagrama que aponta seis perguntas importantes e nove passos fundamentais. É importante responder completamente a cada questão antes de seguir em frente, porque suas respostas são cruciais e determinam o próximo passo. A figura 8.1 apresenta um diagrama simples de questões e passos que você deverá usar conforme organiza seu plano de ação.

Questão 1. Apresento sintomas depressivos?

Esta questão é a primeira e a mais básica, além de bastante complexa. É difícil, se não impossível, encontrar alguém que nunca tenha vivenciado um período em que estava deprimido ou melancólico. Quase todas as pessoas passam por períodos eventuais em que se sentem tristes ou transtornadas. No entanto, a Depressão Clínica é um transtorno comum que afeta homens e

Figura 8.1 Passos da depressão até a recuperação

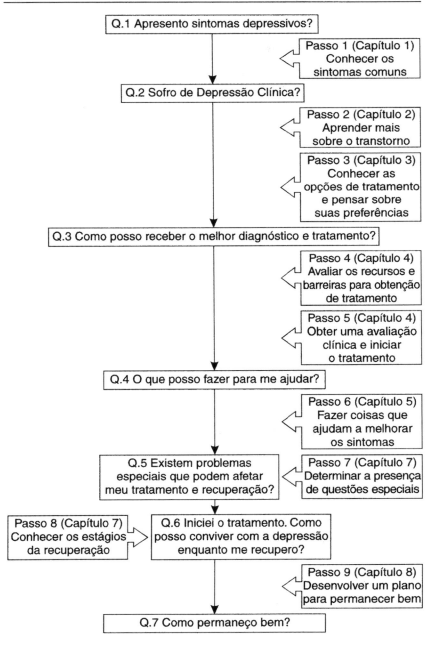

VENCENDO A DEPRESSÃO

mulheres de todas as idades, raças e condições financeiras. Se você apresenta sintomas depressivos, *talvez* você sofra de Depressão Clínica.

Passo 1. Conhecer os sintomas comuns

O Capítulo 1 traz a sintomatologia da depressão e as diferenças importantes entre a melancolia e uma doença mais séria. A melancolia vem e vai, raramente dura semanas ou meses sem algum período de alívio. Já na Depressão Clínica, as pessoas vivenciam os sintomas durante a maior parte do tempo, quase todos os dias durante semanas, meses e, às vezes, anos. A melancolia faz com que as pessoas se sintam péssimas, mas raramente interfere em sua capacidade funcional. As pessoas com Depressão Clínica lutam para lidar com as atividades do dia-a-dia.

Passo 2. Aprender mais sobre o transtorno

O ponto principal do segundo capítulo é o fato de a Depressão Clínica ser um transtorno médico, uma doença clínica que afeta o humor. Entretanto, não se trata de um distúrbio apenas; existem muitos tipos diferentes de Depressão Clínica. Os vários tipos diferem no número, na intensidade e na duração dos sintomas.

O Capítulo 2 também discutiu as circunstâncias e situações pessoais que podem aumentar o risco de apresentar um episódio depressivo.

Questão 2. Sofro de Depressão Clínica?

Depois de conhecer os sintomas e ler mais sobre a doença, talvez você perceba que pode estar sofrendo de Depressão Clínica. Novamente, a boa notícia é que ela pode ser tratada. Dependendo do número de sintomas e de sua severidade, existem várias opções de tratamento. Ao considerar tudo isso, é preciso lembrar que a recuperação é a regra e não a exceção.

Passo 3. Conhecer as opções de tratamento e pensar sobre suas preferências

O Capítulo 3 discutiu as três opções principais de tratamento: a psicoterapia, a medicação ou a combinação de ambas. Também descreveu dois procedimentos especializados (ECT e Terapia de Luz) usados em situações menos comuns.

Conhecer todos esses tratamentos pode ajudá-lo a explorar suas preferências enquanto se prepara para responder à terceira questão.

Questão 3. Como posso receber o diagnóstico e o melhor tratamento?

O processo de recuperação começa quando você se faz essa pergunta fundamental. Você não apenas precisa de um diagnóstico correto como também precisa do tipo de cuidado que trará as melhores chances de recuperação da depressão. Dependendo das circunstâncias e de sua situação particular, talvez existam barreiras e obstáculos que interfiram na sua capacidade de conseguir o melhor tratamento. Essa questão nos leva ao Passo 4.

Passo 4. Avaliar os recursos e as barreiras para obtenção de tratamento

A primeira parte do Capítulo 4 leva-o a um processo de avaliação dos recursos e barreiras que podem interferir na obtenção de um diagnóstico e de um tratamento contínuo. Analisar essas duas questões (recursos e barreiras) é crucial para obter o tipo de tratamento que você precisa.

Passo 5. Obter uma avaliação clínica e iniciar o tratamento

O passo mais importante: obter o diagnóstico correto foi discutido no Capítulo 4. Depois de ler os primeiros capítulos deste livro, talvez você chegue à conclusão de que sofre de Depressão Clínica. Para

VENCENDO A DEPRESSÃO

iniciar o tratamento é necessário que esse diagnóstico seja confirmado por um profissional especializado. Esse item o ajudou a determinar suas preferências quanto à forma de tratamento e o tipo de clínico que trabalhará com você.

Questão 4. O que posso fazer para me ajudar?

Junto com o início do tratamento é importante ter atitudes que promovam sua saúde e bem-estar. Até mesmo mudanças modestas podem ajudá-lo a se sentir melhor.

Passo 6. Fazer coisas que ajudem a minimizar os sintomas

A Depressão Clínica faz com que as pessoas se sintam fracas e cansadas. Por causa disto, até mesmo as pessoas com sintomas leves podem ter dificuldades para encontrar motivação para realizar novas atividades.

O Capítulo 5 discutiu 10 coisas que as pessoas com depressão podem fazer para se ajudar. Embora sejam simples, elas exigem algum esforço e comprometimento com sua melhora. Cada um desses tópicos pode funcionar com o tratamento clínico para aliviar os sintomas.

Questão 5. Existem problemas especiais que podem afetar meu tratamento e recuperação?

Ao realizar os passos em direção ao tratamento, você pode perceber que existem problemas ou questões especiais que o impedem de obter o tratamento ou afetam suas escolhas. Embora seja importante analisar esses fatores no começo do tratamento, é igualmente importante tê-los em mente conforme você se recupera da Depressão Clínica. Essas questões podem complicar cada estágio do distúrbio e exigem um alto nível de atenção e cuidado.

Passo 7. Determinar a presença de questões especiais

O Capítulo 6 discute várias questões especiais que podem afetar o diagnóstico e o tratamento da Depressão Clínica. Inicia com uma exploração breve das descobertas do *Surgeon General* sobre o impacto da raça, etnia e cultura sobre a capacidade de conseguir uma avaliação e um tratamento de qualidade. Além disso, há sugestões sobre como lidar com o preconceito e a discriminação (que podem estar baseados em raça, etnia, gênero, idade e orientação sexual) quando estes ocorrem num cenário médico.

As crianças, os adolescentes e os idosos precisam de avaliação e tratamento mais complexos. Muitos deles são mais sensíveis aos medicamentos e aos seus efeitos colaterais do que os adultos jovens ou de meia-idade. Devido a essas questões, alguns precisam de tratamento com médicos especializados.

Vivenciar um evento que ameaça a vida pode refrear a recuperação da Depressão Clínica. Essa seção discute as fases normais do ajuste emocional a este tipo de trauma.

Outras circunstâncias especiais que podem alterar o plano de tratamento são a gravidez e os pensamentos constantes de suicídio.

Questão 6. Iniciei o tratamento. Como posso conviver com a depressão enquanto me recupero?

Embora o processo de recuperação comece com a avaliação médica, a verdadeira cura começa com o início do tratamento. O processo leva tempo e exige paciência. Conhecer os estágios da recuperação é um meio de avaliar seu progresso e ficar alerta para as coisas que não estiverem indo bem.

VENCENDO A DEPRESSÃO

Passo 8. Conhecer os estágios da recuperação

O Capítulo 7 discutiu os estágios da recuperação e deu estimativas da duração de cada estágio. Essas estimativas são apenas orientações que podem ajudá-lo a avaliar seu progresso. Os estágios começam com o início do tratamento e terminam quando os sintomas são resolvidos.

Às vezes, as pessoas deprimidas precisam fazer ajustes em seus horários e tarefas no trabalho. Também pode ser necessário que um familiar assuma as responsabilidades em casa. A segunda parte do Capítulo 7 dirigiu-se às questões no trabalho e na família e sugeriu maneiras de conversar com seus entes queridos e colegas de trabalho sobre o assunto.

Questão 7. Como permaneço bem?

Este capítulo iniciou com a declaração de que a recuperação é um processo, não um evento único e isolado. O processo de cura continua após o término do tratamento. Depois da melhora, ainda é importante prestar atenção aos sentimentos e seguir realizando as atividades que promovem saúde emocional e física.

A segunda parte desse capítulo enfoca as estratégias para permanecer bem. Essa seção não é apenas para aqueles que estão no estágio final do tratamento. Esses princípios se aplicam a qualquer pessoa que já passou por um episódio depressivo.

Há duas razões principais para o desenvolvimento de um plano de manutenção. A primeira é ajudá-lo a encontrar um estilo de vida que possa minimizar os riscos de sofrer episódios depressivos no futuro, a segunda razão é oferecer uma maneira sistemática de resolver os problemas que podem emergir caso você comece a apresentar os sintomas novamente.

COLOCAR TUDO EM ORDEM E PERMANECER BEM

PARTE II PLANO DE MANUTENÇÃO

A. *Continuar com as atividades que o ajudam a se sentir melhor*

Uma das tarefas iniciais da recuperação é descobrir o que faz você se sentir melhor. Se você experimentou algumas das coisas mencionadas no Capítulo 5, você já deve ter percebido que o esforço valeu a pena ao sentir que os sintomas cederam. Uma das coisas mencionadas é que existem seis técnicas que deveriam ser seguidas durante todo o período posterior à recuperação. São elas: ir para a cama sempre no mesmo horário, fazer exercícios diários e moderados, gerenciar o estresse, não ficar sozinho por longos períodos, manter uma dieta saudável e evitar substâncias aditivas como o álcool e as drogas abusivas ou de recreação. Tudo isso ajuda a promover a saúde física e emocional.

B. *Manter contato com o médico ou terapeuta*

Para aquelas pessoas que não estão mais em tratamento, é uma boa idéia manter contato com o médico ou terapeuta. Assim, se você precisar de ajuda no futuro, pode procurar alguém que o compreende e conhece seu histórico médico. Uma das maneiras mais fáceis de fazer isso é ter uma rotina anual de consulta para confirmar seu progresso. Tenha sempre os números de telefone e endereços num local onde possa encontrá-los facilmente.

Caso você ou seu médico/terapeuta mude de endereço ou de área, certifique-se de que você tenha uma segunda opção de médico ou clínica para receber cuidados. Mantenha uma lista de todos os medicamentos, incluindo aqueles que não funcionaram, pois essas informações o ajudarão em tratamentos futuros.

VENCENDO A DEPRESSÃO

C. Desenvolver estratégias para superar barreiras para um tratamento futuro

Caso você precise rever as possíveis barreiras, leia novamente o Capítulo 4. Para fazer um breve resumo, aqui estão algumas barreiras importantes para a obtenção de cuidados: nível do plano de saúde, restrições do plano de saúde, dificuldade para ter dispensas no trabalho para suas consultas médicas, atitudes familiares e/ou culturais que interferem na busca de cuidados, ausência de alguém que cuide das crianças, problemas com transporte, idioma e a ausência de instalações de saúde disponíveis. Tudo isso ainda pode ser um problema difícil de superar. O Capítulo 4 também dá sugestões de como minimizar e gerenciar tais obstáculos.

D. Obter tratamento logo no início dos sintomas

É importante que você continue a prestar atenção aos sintomas, especialmente aqueles que você vivenciou durante o episódio mais recente de depressão. Não subestime nem ignore os sintomas na esperança de que tudo vai passar. Ignorar seus sentimentos só prolongará o sofrimento e o colocará em risco de desenvolver uma forma mais severa da doença.

O melhor indicador do tratamento que funcionará com você foi o tratamento que funcionou no passado. Se você tomou medicamentos, talvez caia na tentação de iniciar os antidepressivos tomando as pílulas que sobraram do antigo tratamento ou tomando a medicação de um amigo. Essa é uma péssima idéia que pode, na verdade, ser perigosa se isso evitar que você procure uma avaliação clínica. Além disso, sua idade e condição física podem ter mudado. Você precisa de uma avaliação para garantir a obtenção do melhor e mais atualizado tratamento.

COLOCAR TUDO EM ORDEM E PERMANECER BEM

E. Avaliação contínua de como as responsabilidades no trabalho e na família afetam seus sentimentos

Talvez você não possa mudar suas responsabilidades no trabalho ou em casa. No entanto, você pode avaliar seu nível diário de estresse. Aprender técnicas de relaxamento pode ajudá-lo a lidar com isso até que você possa modificar a situação. Se o estresse for um problema significativo em sua vida, peça ao seu médico que indique um profissional capaz de ajudá-lo com técnicas de relaxamento.

F. Sempre que possível, evite pessoas e situações com impacto negativo no seu humor

Talvez isso não seja possível, especialmente se essas pessoas forem familiares ou colegas de trabalho, mas você pode tentar limitar o contato. Associar-se a pessoas que o criticam constantemente ou o tratam com desrespeito nunca é bom. Para as pessoas com Depressão Clínica, isso pode ser muito prejudicial porque esse tipo de desaprovação pode piorar o pessimismo e a baixa auto-estima. É melhor nutrir relacionamentos de apoio e socializar com pessoas que realmente se importam com você.

Depois de ler a seção anterior você provavelmente descobrirá outras estratégias e técnicas que podem ser acionadas ao seu plano geral de cuidados. Essas sugestões são apenas algumas orientações que você pode seguir. É importante que você as personalize para que supram suas necessidades específicas. A Tabela 8.1 oferece um modelo que pode ser usado na construção de seu plano de recuperação.

VENCENDO A DEPRESSÃO

Tabela 8.1 Resumo do meu plano de recuperação

Sintomas (anote os sintomas principais que você vivencia na depressão):
Diagnóstico:
Médicos e/ou Terapeutas:
Plano de Saúde:
Medicamentos (nomes dos remédios que você está tomando):
Plano de Tratamento (ex.: tipos de medicamentos e sua dosagem, horário da terapia):
Coisas que posso fazer para me ajudar:
Coisas que preciso prestar atenção (ex.: pensamentos, sentimentos, ações, sintomas e quando devo contatar meu médico):

VOCÊ CONSEGUE!

Você se lembra da história de Janet Jackson? É a mulher da história que você leu no Capítulo 1. Sua história parou num momento em que ela vivenciava sintomas severos e não sabia a quem recorrer. Quase não tinha esperanças de melhorar. Felizmente, sua história não terminou ali. O marido de Janet ficou preocupado quando ela começou a evitar os amigos e os familiares. Ele percebeu que ela não estava mais interessada na sua equipe de bandeirantes e que deixava de participar de várias reuniões. Finalmente, seu marido encorajou-a a procurar um médico.

Ela marcou uma consulta com o médico da família. Depois de uma avaliação completa, o médico determinou que ela, na verdade, sofria de Depressão Clínica moderada ou severa. Sua opção inicial foi por medicamentos, mas depois de um mês decidiu acrescentar a psicoterapia ao seu regime de tratamento. Seus sintomas foram resolvidos durante um período de três meses, mas o tratamento prosseguiu por um total de 16 meses.

Depois da depressão, sua vida não voltou imediatamente ao normal. Ela decidiu que tinha assumido muitas responsabilidades em casa, no trabalho e na igreja antes da instalação dos sintomas. A combinação dos três lugares tinha causado muito estresse.

A psicoterapia ajudou-a a estabelecer prioridades e dividir ou delegar tarefas. Finalmente aprendeu que não precisava fazer tudo sozinha. A terapeuta também a ajudou a desenvolver um plano de manutenção.

Janet mantém contato tanto com o médico da família quanto com a terapeuta. Tem consultas anuais com ambos. Assim como a maioria das pessoas que atravessam um episódio depressivo, ela não apresenta sintomas há anos.

VENCENDO A DEPRESSÃO

Assim como Janet, você também pode se recuperar da Depressão Clínica. Existem muitas coisas que pode fazer para se ajudar. Você não está condenado ao sofrimento e a uma vida sem esperança. O mais importante é aprender sobre a doença e os tratamentos para que possa receber um tratamento efetivo. Esperamos sinceramente que este livro possa se tornar um amigo de confiança na estrada rumo à saúde. Você consegue! Você pode se recuperar dessa doença debilitadora e viver uma vida de esperança e alegria.

Quando me deparo com uma pessoa que está atravessando problemas similares aos meus, sempre lhe digo o que funcionou comigo. É muito importante estar em contato com um bom psicólogo. Não fique com um médico que não o compreenda ou que você sinta que não está ajudando. Lembre-se sempre que é necessário muito tempo até que você se sinta melhor. Alguns dias são melhores que outros. Seja gentil consigo mesmo, faça isso por você.

Agora o engraçado é que me sinto melhor do que antes de ficar doente. Fiz muitas mudanças positivas em minha vida e de algum modo me sinto mais forte do que antes da depressão. Será que a depressão voltará algum dia? Espero que não, mas caso volte, estarei pronta.

GLOSSÁRIO

Adição- Desejo e uso habitual de substâncias como álcool, drogas ou tabaco, com conseqüências prejudiciais para o indivíduo e/ou seus entes amados.

Antidepressivos Cíclicos- Tipo prescrição de medicamentos usado para tratar problemas de saúde mental, emocional e comportamental, principalmente a depressão. Os antidepressivos tricíclicos são uma classe dos antidepressivos cíclicos.

Antidepressivos tricíclicos- Um tipo de antidepressivo cíclico.

Assistente social (L.C.S.W – Licensed Clinical Social Worker)- Profissional da área de saúde mental nos Estados Unidos que cuida de problemas mentais, emocionais e comportamentais com técnicas terapêuticas.

Avaliação Clínica- Avaliação da saúde de uma pessoa, seu bem-estar e seu funcionamento.

Clínico- Profissional da saúde que fornece tratamento; ex.: médico, terapeuta, psicólogo, psiquiatra.

Cuidados externos (também conhecido como tratamento diário)- Tratamento para um problema de saúde recebido num hospital ou em outras instalações de cuidados médicos sem a necessidade de internação.

Cuidados internos- Tratamento para um problema de saúde recebido num hospital ou em outras instalações de internamento.

Depressão- Um distúrbio afetivo ou de humor com sintomas associados como sono ruim, perda de apetite ou problemas físicos. Inclui sintomas menores além de diferentes formas de Depressão Clínica.

GLOSSÁRIO

Depressão Clínica- Uma forma severa de depressão que afeta o humor com vários outros tipos de sintomas ou problemas ao mesmo tempo, dura pelo menos duas semanas, mas em geral permanece por vários meses ou anos. Inclui a Depressão Maior, Transtorno Distímico e Transtorno Afetivo Sazonal.

Depressão de padrão sazonal (também conhecida como *Transtorno Afetivo Sazonal*)- Transtorno depressivo que ocorre em determinadas épocas do ano, tipicamente durante os meses de outono ou inverno. Mais comum em climas que apresentam noites muito longas.

Depressão Menor- Presença de sintomas da depressão que são menos severos ou não duram tanto tempo quanto na Depressão Maior ou no Transtorno Distímico.

Eletroconvulsoterapia- Tratamento para distúrbios mentais (administrado por um psiquiatra) que descarrega uma corrente de baixa voltagem através de eletrodos presos ao paciente, enquanto ele está anestesiado. Altamente efetivo na depressão severa.

Ervas- Preparados de ervas disponíveis sem prescrição médica. Algumas ervas foram promovidas a formas de tratamento para depressão, sua eficácia ainda é desconhecida.

Funcionamento- Descreve as percepções de uma pessoa em relação à sua saúde e à capacidade de realizar suas atividades diárias.

Inibidores de Monoamina Oxidase- Tipo de medicação usada no tratamento da depressão.

Inibidores Seletivos da Recaptação da Serotonina- Tipo de antidepressivo usado no tratamento da depressão e outros transtornos do humor. Acredita-se que eleva o humor aumentando a quantidade de serotonina disponível no cérebro.

GLOSSÁRIO

Início do tratamento- Começo do tratamento de um episódio.

Mania- Tipo de Transtorno Bipolar que afeta dramaticamente os sentimentos do individuo, seus pensamentos e comportamentos, e os deixa bastante agitados, hiperativos e eufóricos.

Neurotransmissores- Substâncias químicas do cérebro que carregam mensagens entre as células cerebrais.

Norepinefrina- Um dos neurotransmissores do cérebro que regula o humor.

Psicólogo (Ph.D.)- Profissional da área de saúde mental com nível de doutorado preparado para avaliar e tratar problemas mentais, emocionais e comportamentais pelo do uso da terapia e outros tratamentos.

Psicose- Uma forma severa de doença mental na qual a percepção de realidade fica marcantemente distorcida, afetando os pensamentos, ações e capacidades de se relacionar com os outros e às vezes a capacidade de importar-se consigo ou com os demais.

Psicoterapeuta (também conhecido como *terapeuta*)- Profissional especializado em saúde mental que avalia e trata de problemas mentais, emocionais e comportamentais usando técnicas de terapia verbal e não-verbal.

Psicoterapia (também conhecida como *terapia*)- Tratamento de problemas mentais, emocionais e comportamentais que envolve conversas com um profissional especializado.

Psiquiatra (M.D.)- Médico com doutorado que se especializou em transtornos mentais, emocionais e comportamentais. Conduz avaliações e administra tratamento usando terapia, medicação, eletroconvulsoterapia e terapia de luz.

Recorrência (reincidência)- Um novo episódio de uma doença depois de um período de remissão.

GLOSSÁRIO

Remissão- Recuperação de um episódio de uma doença.

Resposta ao tratamento- Indica como o paciente está reagindo ao tratamento.

Serotonina- Um dos neurotransmissores no cérebro que regula o humor.

***Status* do plano de saúde-** Indica se uma pessoa tem ou não plano de saúde e qual tipo.

Terapeutas familiares e de casais (M.F.T.) [também conhecidos como M.F.C.C.]- Profissional da área de saúde mental que trata de problemas mentais, emocionais e comportamentais através de terapia.

Terapia Comportamental-Cognitiva- Tipo de terapia para problemas de saúde mental, emocional e comportamental. Procura identificar e alterar os pensamentos do indivíduo, suas ações e sentimentos que contribuem para o problema.

Terapia de Apoio- Forma de tratamento de problemas mentais, emocionais e comportamentais que tem por objetivo ajudar as pessoas a lidar com o impacto de seu transtorno na vida cotidiana. Não é eficaz quando usado sozinho no tratamento da Depressão Clínica.

Terapia de luz- Tratamento prescrito por um médico no tratamento do transtorno afetivo sazonal, no qual o paciente é exposto a uma luz artificial excepcionalmente brilhante.

Terapia interpessoal- Forma de terapia usada para tratar de problemas mentais, emocionais e comportamentais. Busca identificar e lidar melhor com os eventos, pessoas ou circunstâncias que causam ou pioram os problemas emocionais.

Terapia Psicodinâmica- Forma de tratamento de problemas mentais, emocionais e comportamentais que tem por objetivo identificar e resolver conflitos emocionais que surgem da interação entre a personalidade e a circunstância.

GLOSSÁRIO

Término do tratamento- Final ou suspensão do tratamento.

Transtorno Afetivo- A grande classe de Transtornos de Humor que inclui a Depressão Clínica e a mania ou Transtorno Bipolar.

Transtorno Bipolar (também conhecido como o Transtorno Maníaco-Depressivo)- Transtorno de Humor que causa períodos de extrema euforia (mania) e extremo abatimento (depressão).

Transtorno de Estresse Pós-traumático- Doença que se desenvolve como resultado de ter vivenciado ou presenciado um evento violento e/ou que ameaça a vida.

Transtorno Depressivo Maior- Tipo de Depressão Clínica caracterizado pelo distúrbio no humor e a presença de vários sintomas de depressão diariamente por duas semanas ou mais e geralmente num período de vários meses.

Transtorno Distímico- Tipo de Depressão que é caracterizada por episódios recorrentes de depressão num período de pelo menos dois anos. Os sintomas podem não ser tão severos quanto na Depressão Maior.

Transtornos de Ajuste- Doença que se desenvolve como uma reação a um evento difícil na vida. Os sintomas são menos severos do que na Depressão Clínica e o distúrbio geralmente melhora dentro de seis meses após o evento.

Tratamento de manutenção- Tratamento continuado (geralmente medicação) depois da recuperação como forma de evitar episódios subseqüentes da Depressão Clínica.

RECURSOS PARA A DEPRESSÃO

Brasil

Sociedade Brasileira de Psicologia Analítica (SBPA)

Rua Dr. Mário Cardim, 150 CEP: 04019-000 - São Paulo – SP

Fone: (011) 5575-7296 Fax: (011) 5573-7731

e.mail: sbpa@sbpa.org.br

<http://www.sbpa.org.br>.

Sociedade Brasileira de Psiquiatria Clínica (SBPC)

Av. Presidente Vargas, 433 CEP: 14020-260 – Ribeirão Preto – SP

Fone: (016) 623-1234 Fax: (016) 623-2296

Psiqweb

Site com informações sobre psiquiatria que traz *links* para várias clínicas especializadas em diversas cidades do Brasil.

Link interessante:

— Núcleo de Psicoterapia Cognitivo-Comportamental: <http://www.npcc.com.br/index.html>.

<http://www.psiqweb.med.br/>.

Fundo Nacional da Saúde (FNS)

08006448001

<http://www.fns.saude.org.br>.

RECURSOS PARA A DEPRESSÃO

Ministério da Saúde
<http://www.saude.gov.br>.

Estados Unidos

National Depressive and Maniac-Depressive Association (NDMDA)
730 N. Franklin Street, Suite 501
Chicago, Illinois 60610-7204
Phne: (800) 826-3632; (312) 642-0049
Fax: (312) 642-7243
<http://www.ndmda.org>.

American Psychiatric Association
1400 K Street N.W.
Washington, DC 20005
Phone: (888) 357-7924
Fax: (202) 682-6850
<http://www.psych.org>.

National Institute of Mental Health (NIMH)
(Parte do *National Institutes of Health*, agência do *U.S. Department of Health and Human Services*)
NIMH Public Inquiries
6001 Executive Boulevard, Rm. 8184, MSC 9663
Bethesda, MD 20892-9663
Phone: (301) 443-4513
Fax: (301) 443-4279
<http://www.nimh.nih.gov>.

Substance Abuse and Mental Health Services Agency (SAMHSA)

(Agência do *U.S. Department of Health and Human Services*)

SAMHSA
5600 Fishers Lane
Rockville, MD 20857
<http://www.samhsa.gov>.

APÊNDICE

KIT DE FERRAMENTAS CONTRA A DEPRESSÃO

Neste livro, discutimos vários aspectos da depressão e apresentamos muitas informações. É muito útil ter um panorama geral da depressão, mas o modo de vivenciar a depressão e as questões especiais enfrentadas são muito pessoais. Como a depressão é muito pessoal, é importante identificar quais informações são úteis para você. Para ajudá-lo a analisar sua própria experiência, nós incluímos as seguintes tabelas ou ferramentas que têm o objetivo de ajudá-lo a compreender melhor o que está vivendo e também auxiliará no desenvolvimento de um plano para chegar à recuperação.

Coisas que estou vivendo

(Marque os sintomas que você está vivendo ou já viveu nos últimos meses, então indique o quanto tal sintoma o afeta.)

✓	Sintoma e Problema Chave	Este sintoma afeta você durante pouco, algum ou muito tempo?
	Sentir-se triste ou "vazio".	____Pouco ____Algum ____Muito
	Perda de interesse em atividades que costumavam ser agradáveis como sexo, esportes, leitura ou música.	____Pouco ____Algum ____Muito

KIT DE FERRAMENTAS CONTRA A DEPRESSÃO

Coisas que estou vivendo (Cont.)

✓	Sintoma e Problema Chave	Este sintoma afeta você durante pouco, algum ou muito tempo?
	Dificuldade em se concentrar, pensar, lembrar ou tomar decisões.	_____Pouco _____Algum _____Muito
	Dificuldade em dormir ou dormir demais.	_____Pouco _____Algum _____Muito
	Perda de energia ou sentir-se cansado.	_____Pouco _____Algum _____Muito
	Perda de apetite ou comer demais.	_____Pouco _____Algum _____Muito
	Perder peso ou engordar sem se esforçar para tal.	_____Pouco _____Algum _____Muito
	Chorar ou sentir vontade de chorar.	_____Pouco _____Algum _____Muito
	Sentir-se irritado ou "no limite".	_____Pouco _____Algum _____Muito
	Sentir-se inútil ou culpado.	_____Pouco _____Algum _____Muito
	Sentir-se sem esperança ou negativo.	_____Pouco _____Algum _____Muito
	Pensar em morte, incluindo pensamentos suicidas.	_____Pouco _____Algum _____Muito
	Freqüentes dores de cabeça e no corpo.	_____Pouco _____Algum _____Muito
	Problemas estomacais e digestivos com irregularidade no intestino.	_____Pouco _____Algum _____Muito
	Outros Sintomas:	_____Pouco _____Algum _____Muito
		_____Pouco _____Algum _____Muito
		_____Pouco _____Algum _____Muito

KIT DE FERRAMENTAS CONTRA A DEPRESSÃO

Situações que vivenciei: Durante os últimos doze meses, qualquer uma destas coisas aconteceu com você?

Alguém próximo a mim morreu.	SIM	NÃO
Tive uma discussão séria com alguém que mora na minha casa.	SIM	NÃO
Tive um problema sério com um amigo íntimo, parente ou vizinho que não mora em casa.	SIM	NÃO
Eu me separei, divorciei ou terminei um relacionamento ou compromisso.	SIM	NÃO
Tive discussões ou outras dificuldades com pessoas no trabalho.	SIM	NÃO
Alguém se mudou da minha casa.	SIM	NÃO
Fui demitido do trabalho.	SIM	NÃO
Tive uma doença séria.	SIM	NÃO
Tive pequenos problemas financeiros.	SIM	NÃO
Tive grandes problemas financeiros.	SIM	NÃO
Alguém próximo a mim teve uma doença ou ferimentos repentinamente.	SIM	NÃO
Eu, ou alguém importante para mim, tive problemas por causa de discriminação baseado na idade, sexo, raça ou etnia.	SIM	NÃO
Perdi minha casa.	SIM	NÃO
Outros:	SIM	NÃO

KIT DE FERRAMENTAS CONTRA A DEPRESSÃO

O álcool é um problema para mim? Uma resposta "sim" para qualquer uma destas questões pode indicar que você tem problemas com a bebida.

No último mês, houve um único dia em que você bebeu cinco ou mais copos de cerveja, vinho ou destilado?	SIM	NÃO
Você já pensou que bebe em excesso?	SIM	NÃO
Já houve um período de duas semanas em que você estava bebendo sete ou mais doses de bebidas alcoólicas (cerveja, vinho ou outra bebida alcoólica) por dia?	SIM	NÃO
Você já bebeu o equivalente a um quinto de bebida alcoólica em um dia? (Isso equivale a 20 doses ou três garrafas de vinho ou equivalente a 18 latas de cerveja em um dia.)	SIM	NÃO

KIT DE FERRAMENTAS CONTRA A DEPRESSÃO

Meus Medicamentos

Nome do Medicamento	Dosagem e Freqüência do Medicamento
1	
2	
3	
4	
5	
6	
7	
8	
9	
10	

KIT DE FERRAMENTAS CONTRA A DEPRESSÃO

Tabela 3.6 Comparação de Tratamentos

	Psicoterapia	Medicação	ECT	Terapia de Luz
Adequado para quais níveis de severidade da Depressão Clínica	Leve ou moderada	Todas (leve moderada ou severa)	Severa	Usada somente para o Transtorno Afetivo Sazonal
Custo	O custo exato para o indivíduo depende do plano de saúde (caso possua um) e do tipo de plano.			
Tipo de profissional treinado que pode fornecer o tratamento	Terapeuta, Psicólogo, Psiquiatra	Psiquiatra, Clínico Geral	Psiquiatra	Psiquiatra
Freqüência de visitas	Sessões semanais (às vezes, mais de uma sessão por semana)	Medicação diária com acompanhamento médico em intervalos de 1-3 meses dependendo do grau de melhora	Individualizada	Individualizada
Duração do tratamento	Geralmente de 12 semanas a 1 ano, mas pode durar mais tempo	Geralmente de 6 meses a 1 ano, mas pode durar mais tempo.	Geralmente algumas semanas, mas pode durar mais tempo	Geralmente algumas semanas, mas pode durar mais tempo
Quando você começa a se sentir melhor	As respostas ao tratamento variam de indivíduo para indivíduo, veja o Capítulo 6 para obter maiores informações sobre o processo de recuperação.			

KIT DE FERRAMENTAS CONTRA A DEPRESSÃO

O que dificultaria a minha obtenção de cuidados?

Quais das seguintes razões dificultariam sua obtenção de cuidados?

1. Eu me preocupo com os custos.	SIM	NÃO
2. O médico não aceita meu plano de saúde.	SIM	NÃO
3. Meu plano de saúde não paga por este tratamento.	SIM	NÃO
4. Não encontro um lugar onde obter ajuda.	SIM	NÃO
5. Não consigo marcar uma consulta assim que preciso.	SIM	NÃO
6. Não consigo chegar até o consultório médico quando ele está aberto.	SIM	NÃO
7. Demoro muito para ir da minha casa ou do trabalho até o consultório.	SIM	NÃO
8. Não consigo contato pelo telefone nem deixando mensagens.	SIM	NÃO
9. Acho que não posso ser ajudado.	SIM	NÃO
10. Tenho muita vergonha de discutir meu problema com qualquer pessoa.	SIM	NÃO
11. Tenho medo do que os outros vão pensar de mim.	SIM	NÃO
12. Não consigo licenças médicas do trabalho para as consultas e minhas horas serão descontadas.	SIM	NÃO
13. Preciso que alguém tome conta dos meus filhos.	SIM	NÃO
14. Ninguém fala minha língua no consultório médico.	SIM	NÃO
15. Sinto-me discriminado devido à minha idade, raça, etnia ou orientação sexual.	SIM	NÃO

KIT DE FERRAMENTAS CONTRA A DEPRESSÃO

Qual é minha experiência com o tratamento (meu histórico de tratamento)?

Conforme você e seu médico discutem as opções de tratamento, é importante conversar sobre suas experiências passadas, incluindo o tratamento de familiares.

Você já foi diagnosticado com depressão anteriormente?	SIM	NÃO
Se a resposta for sim, você recebeu algum tipo de tratamento?	SIM	NÃO
Você já tomou remédios antidepressivos?	SIM	NÃO
Se a resposta for sim, eles ajudaram?	SIM	NÃO
Você já experimentou orientação ou terapia?	SIM	NÃO
Se a resposta for sim, isso o ajudou?	SIM	NÃO
Algum familiar ou amigo já experimentou orientação ou terapia?	SIM	NÃO
Se a resposta for sim, isso os ajudou?	SIM	NÃO
Você é contra a ingestão de medicamentos?	SIM	NÃO
Se a resposta for sim, por quê?	SIM	NÃO
Você é contra a orientação ou terapia?	SIM	NÃO
Se a resposta for sim, por quê?	SIM	NÃO

KIT DE FERRAMENTAS CONTRA A DEPRESSÃO

Quais são minhas preferências pessoais quanto ao tratamento da depressão?

✓	Opções e preferências
	Somente psicoterapia (para aqueles com sintomas leves ou moderados)
	Somente medicação (para aqueles com sintomas leve, moderados ou severos)
	Tratamento combinado – medicação e psicoterapia (para aqueles com sintomas leves, moderados ou severos)

KIT DE FERRAMENTAS CONTRA A DEPRESSÃO

Perguntas para meu médico

É importante conversar com seu médico sobre suas preocupações e preferências em relação ao tratamento e qualquer questão especial que você tenha. A seguir estão algumas perguntas que você pode usar.

Preferências ou Preocupações	Exemplos de Perguntas
Caso suas opções e preferências incluam apenas a medicação	"Você mesmo prescreverá minha medicação antidepressiva ou me indicará um psiquiatra?" "Quando começarei a me sentir melhor? "Nossa próxima consulta está marcada para_____. Caso eu não tenha notado nenhuma mudança, quando devo entrar em contato?" "Quais são os possíveis efeitos colaterais da minha medicação?" "Também estou tomando_____ (listar outros medicamentos). É seguro tomar todos esses remédios juntos? Devo tomá-los em horários diferentes?"
Caso suas ações e preferências incluam apenas a psicoterapia	"Se possível, gostaria de experimentar a psicoterapia antes de considerar a medicação. Li a respeito de duas terapias especiais para pessoas com Depressão Clínica. Existem terapeutas que oferecem esses tratamentos especiais?" **Nota:** *(Caso a resposta seja negativa, você precisa decidir se ainda gostaria de buscar somente a psicoterapia ou uma combinação com medicamentos.)* "Você poderia me indicar um terapeuta? Caso contrário, como posso encontrar um bom profissional?" "Você gostaria que eu continuasse nossas consultas depois de iniciar a terapia?"

KIT DE FERRAMENTAS CONTRA A DEPRESSÃO

Perguntas para meu médico (Cont.)

Preferências ou Preocupações	Exemplos de Perguntas
	"Caso eu não perceba nenhuma mudança depois de um certo tempo, eu deveria entrar em contato com você? Qual seria o próximo passo?"
	"Você gostaria de conversar com o terapeuta após o início do meu tratamento?"
Caso suas ações e preferências incluam um tratamento combinado (Veja também algumas perguntas para medicação ou psicoterapia isoladas.)	"Gostaria de experimentar a medicação e a psicoterapia. Há uma maneira de obter ambos os tratamentos?"
	"Tudo isso pode ser conseguido com meu plano de saúde ou preciso encontrar um terapeuta fora do plano?"
	"Alguém pode me ajudar a encontrar um terapeuta?"
	"Você gostaria de conversar com meu terapeuta para que ambos possam discutir meu tratamento?"
	"Quando devo retornar para uma próxima consulta com você?"
Perguntas para seu terapeuta	"O que posso esperar?"
	"Como a terapia ajudará na minha depressão?"
	"Em determinado momento, eu deveria considerar a medicação se não estiver me sentindo melhor?"
	"Você gostaria de conversar com meu médico?"
	"Há coisas que eu deveria fazer por conta própria?"
	"Se as coisas não estiverem indo bem, como eu deveria expor isso a você?"

KIT DE FERRAMENTAS CONTRA A DEPRESSÃO

Atitudes que posso tomar para me ajudar

Além de obter o tratamento de um profissional, existem coisas que você pode fazer para se ajudar. Pense nas ações ou atividades que podem ajudar no processo de recuperação. Coisas pequenas podem fazer uma grande diferença, portanto você não precisa planejar atividades especiais ou grandes mudanças. Faça uma lista das atitudes que você pode fazer para se ajudar.

Atividades agradáveis

(Faça uma lista das atividades que você considera agradáveis, divertidas, recompensadoras, significativas ou motivadoras; ex.: assistir a um filme, caminhar em um parque ou pela praia, ler etc.)

1.

2.

3.

4.

5.

Atividades relaxantes

(Cite algumas atividades que o ajudam a relaxar e a reduzir o estresse e as preocupações; ex.: um banho de imersão, meditação, prática espiritual etc.)

6.

7.

8.

9.

10.

Exercícios, dieta e sono

(O que você pode fazer para manter uma dieta saudável, fazer exercícios regulares e dormir o suficiente?)

11.

12.

KIT DE FERRAMENTAS CONTRA A DEPRESSÃO

Atitudes que posso tomar para me ajudar (Cont.)

13.

14.

15.

Pessoas, lugares, coisas que devo evitar

(Há coisas que você deveria evitar até sentir-se melhor?)

16.

17.

18.

19.

20.

Outras idéias para recuperação:

KIT DE FERRAMENTAS CONTRA A DEPRESSÃO

Sinais de alerta: Estou ficando deprimido novamente?*

Assinale ao lado dos sintomas que você vivenciou antes de iniciar o tratamento. Repassar essa lista de tempos em tempos o ajudará a perceber se você está ficando deprimido novamente.

✓	Sintoma	Como me sinto agora. É hora de buscar ajuda novamente?
	Sentir tristeza ou "vazio".	
	Perda de interesse pelas coisas que costumavam ser agradáveis, como sexo, esportes, leitura ou música.	
	Problemas de concentração, raciocínio, memória ou dificuldades para tomar decisões.	
	Dificuldades para dormir ou dormir demais.	
	Perda de energia e sensação de cansaço.	
	Perda de apetite ou comer demais.	
	Perda ou ganho de peso sem tentar.	
	Chorar muito ou sentir vontade de chorar.	
	Sentir-se irritado ou "no limite".	
	Sentir culpa ou desvalia.	
	Negatividade ou falta de esperança.	
	Pensar muito em morte, incluindo pensamentos suicidas.	
	Freqüentes dores de cabeça e no corpo.	

* Se você começar a vivenciar esses sintomas novamente, converse com seu médico.

KIT DE FERRAMENTAS CONTRA A DEPRESSÃO

Sinais de alerta: Estou ficando deprimido novamente? (Cont.)

Problemas estomacais e digestivos com irregularidade intestinal. **Outros sintomas:**	

KIT DE FERRAMENTAS CONTRA A DEPRESSÃO

Resumo do meu plano de recuperação

Sintomas (anote os sintomas principais que você vivencia na depressão):

Diagnóstico:

Médicos e/ou Terapeutas:

Plano de Saúde:

Medicamentos (nomes dos remédios que você está tomando):

Plano de Tratamento (ex.: tipos de medicamentos e sua dosagem, horário da terapia):

Coisas que posso fazer para me ajudar:

Coisas que preciso prestar atenção (ex.: pensamentos, sentimentos, ações, sintomas e quando devo contatar meu médico):

ÍNDICE

Acesso à assistência médica, 122
Acidentes sérios, 45
Aconselhamento pastoral, 109
Acting out (Atuação), 127
Adapin, 66
Administração de Veteranos, 85
Adolescentes:
    e Terapia Comportamental-
      Cognitiva, 58
    depressão em, 125-130
    falando sobre depressão com,
      152
Adolescentes:
    e Terapia Comportamental-
      Cognitiva, 58
    depressão em, 127
    e mitos sobre depressão, 13-16
    e suicídio, 133
    falando sobre depressão com,
      152
Afro-americanos, 122, 127
Agências de serviço social, 132
Agitação, 8
    e depressão infantil, 126
    e Depressão Maior, 33-34
    e mania, 147
Agressões físicas, 26, 40
AIDS, 24
Ajuda, auto- (*veja* Auto-ajuda)
Alasca, 47
Alcoólicos Anônimos, 117
Amigos (*veja* Familiares e amigos)
Amitriptilina, 65
Amoxapina, 66

Anafranil (monocloroimipramina), 65
Anestesia (com ECT), 71
Anfetaminas, 25
Ansiedade:
    e Transtorno Distímico, 38-39
    e o fim da medicação, 145
Antibióticos (como fator na
    depressão), 26
Antidepressivos cíclicos, 65-66
Antidepressivos heterocíclicos, 66
Antidepressivos tricíclicos
    (TCA), 65-66, 145
Aparência, perda de interesse na, 8
Apatia, 4
Apetite:
    mudanças no, 8-9
    e depressão infantil, 1
    dieta saudável para aumentar o,
      115
    e recuperação, 140
Asendin, 66
Ásio-americanos, 122
Assistência à criança (como barreira
    para o tratamento), 89-90
Assistentes sociais, 80
Ataques terroristas e Transtorno de
    Estresse Pós-traumático, 46
Atenção a detalhes, 5
Atitudes, família (como barreiras
    para o tratamento), 89
Atividade física:
    mudanças em, 10-11
    e melhoria de humor, 108-109

ÍNDICE

Atividade:
  física, 10-11, 107-108
  social, 142
Atividades de risco e Transtorno
  Bipolar, 45
Atividades sociais, 141
Atraso, psicomotor, 33-34
Auto-ajuda, 105, 119-120
  e evitar álcool e drogas, 117
  e evitar ficar sozinho, 108-109
  e evitar tarefas novas/difíceis,
    115-116
  e rotina na hora de dormir, 106-
    107
  questionário para, 117-118
  e exercício, 107-108
  e seguir o plano de tratamento,
    116-117
  e mitos sobre depressão, 15
  e nutrição, 115
  e registrar efeitos colateriais,
    114-115
  e tratamentos regulares, 111-112
  técnicas de relaxamento, 108
  prática espiritual, 109
  administração do estresse, 108
  grupos de apoio, 109-110
Auto-estima, 9-10
Avaliação clínica, 91-93
Avaliação médica, 91-93, 132
Avaliação:
  clínica, 91-93
  de idosos, 132
Aventyl, 66

Baby Blues (estado depressivo), 30,
  38
Bacharelado em Serviço Social
  Clínico (L.C.S. W. – *Licensed*
  Clinical Social Work), 80
Barreira de linguagem, 90
Barreiras para a obtenção de

tratamento, 81-91
questionário para, 91-92
questões de cuidado com a
  criança, 89-90
e depressão em idosos, 130
atitudes familiares/crenças
  culturais, 89
plano de saúde, 81-88
falta de instalações, 90
linguagem/deficiência auditiva,
  91
transporte, 90
questões no trabalho, 88-89
Batimento cardíaco irregular, 65
Boas notícias, efeitos de, 4
Bupropion, 70

Caminhada (para melhorar o humor),
  108
Câncer:
  depressão causada por, 24
  depressão causada por drogas
    contra, 26
Cansaço, 7-8
  e Transtorno Distímico, 41-42
  e depressão em idosos, 130
  e Depressão Maior, 33-34
  e recuperação, 141
Capacidade de tomar decisões:
  e Transtorno Distímico, 41-42
  e Depressão Maior, 33-34
  e planos de tratamento, 99-100
Cargos perigosos, 5-6
Celexa, 67
Censura, 9-10
Centros de terceira idade, 132
César, 17
Choque e descrença (fase 1), 123
Ciclos menstruais (como fator na
  depressão), 28-29
Circunstâncias:
  como fatores na depressão, 21

ÍNDICE

e Terapia Interpessoal, 54-55
Citalopram, 67
Clínicas sem fins lucrativos, 84-85
Clínico Geral (*veja* Clínicos de Cuidados Primários)
Clínicos de cuidados primários, 80, 95-96
Clomipramina, 65
Clooney, Rosemary, 17
Cocaína, 24
Cola de sapateiro, 24
Compartilhando sentimentos, 15
Compensação médica, 150-151
Comportamento sexual e Transtorno Bipolar, 45
Comportamentos:
    no Transtorno Bipolar, 45
    no depressão infantil, 126-129
    no Transtorno Distímico, 39-40
    no Transtorno Depressivo Maior, 33
    e Psicoterapia Psicodinâmica, 58-59
Compromissos, mantendo, 95-96, 113-114
Comunicação:
    sobre suicídio, 134-135
    com familiares e amigos, 150-151, 153
    e mitos sobre depressão, 15
    e questões delicadas , 123-124
    e planos de tratamento, 99-100
    e questões no trabalho, 149-151
Concentração, 5-6
    e Transtorno Distímico, 39-41
    e Depressão Maior, 32-33
    e tarefas novas/difíceis, 115-116
    e Transtorno de Estresse Pós-traumático, 46
    e recuperação, 128, 142
Condição médica (*veja* condição médica)

Condição médica:
    depressão por, 44
    e ECT, 75-76
    e depressão em idosos, 130
    como fator na depressão, 22-23
Condições de vida, inseguras, 27-28
Condições desfavoráveis de vida (como fator na depressão), 27-28
Condições pré-existentes, 82-83
Conferência telefônica (assistência médica), 90
Coordenadora de tratamento, 95-96
Coordenadora, tratamento, 95-96
Crenças culturais, 89
Crianças:
    depressão em, 126-130
    e mitos sobre depressão, 15
    e suicídio, 127
    falando sobre depressão com, 151-152
Culpa, 12-13
Culpa de sobrevivente, 125
Culpa, sobrevivente, 125

Deficiência auditiva, 91-92
Demência, 24
Departamento de Saúde e Serviços Sociais dos Estados Unidos (DHHS), 115
Departamentos de saúde, 81
Depressão clínica, 31-33
Depressão crônica (*veja* Transtorno Distímico)
Depressão de Padrão Sazonal (*veja* Transtorno Afetivo Sazonal)
Depressão Dupla, 41
Depressão em Cuidados Primários, 71
Depressão leve, 74
Depressão moderada, 74

ÍNDICE

Depressão por uma Condição
Clínica Geral, 42-43
Depressão Pós-parto , 30-31, 37-39,
47-49
Depressão severa:
ECT usada para, 75-76
como indicadora para
hospitalização, 77
medicamentos para, 74-76
Depressão Unipolar (*veja*
Transtorno Depressivo
Maior)
depressão"do nada", 30
Depressão:
Transtorno Bipolar (*veja*
Transtorno Bipolar) clínico,
31-33
Transtorno Distímico (*veja*
Transtorno Distímico)
efeitos da, 3
fator(es) na (*veja* Fator(es) na
depressão)
Transtorno Depressivo Maior
(*veja* Transtorno Depressivo
Maior)
Transtorno Depressivo Menor
(*veja* Transtorno Depressivo
Menor)
*vs.*trauma "normal", 124-125
"do nada", 30
Depressão Pós-parto (*veja*
Depressão Pós-parto)
tratamento da (*veja*
Tratamento[s] para
depressão)
Desastres naturais, 46
Descrença, 125-126
Desemprego e suicídio, 133-134
Desesperança, sentimento de, 9-10
e Transtorno Distímico, 39-41
descrição de carta, 49-51

e Depressão Maior, 33-35
e depressão em adolescentes,
127
Desespero, 9-10
Desipramina, 65
Desyrel, 66
Detalhes, atenção a, 5
Dexedrina, 25-26
Diabetes, 24-30
Diagnóstico, 91-93
Dieta:
IMAOs e restrições na, 67-68
e humor, 115
Discriminação, lidando com, 121-124
Disponibilidade de tratamento, 100-
101
Divórcio, 22, 46
Doença no Fígado, 24
Doenças cerebrais:
depressão causada por, 23
depressão causada por
medicamentos para, 26
Doenças da tireóide (como fator na
depressão), 24, 28
Doenças glandulares, 28
Doenças neurológicas:
depressão causada por, 23
depressão causada por
medicamentos para, 26
e depressão em idosos, 131
Doenças:
e depressão em idosos, 12-13
como fator na depressão, 23-24
pensamentos suicidas em
pacientes com doença
incurável, 43
Dores (*veja* Dores e sofrimento)
Dores e sofrimentos, 9
e depressão infantil, 127
e depressão em idosos, 131
e recuperação, 142
e a interrupção de

ÍNDICE

medicamentos, 143
Doutorado em Serviço Social, 80
Doxepina, 66
Drogas psicodélicas, 25
DSM-IV (veja Manual de
Diagnóstico e Estatística
dos Distúrbios Mentais)

ECT (veja Eletroconvulsoterapia)
Educação dos pacientes, 95-96
Efeitos colaterais, 64
e depressão em idosos, 132
das ervas, 69
dos IMAOs, 67-68
dos antidepressivos de última
geração, 68
e gravidez, 135
registrando/relatando, 113-114
e recuperação, 142
dos ISRSs, 67
e término dos medicamentos,
145
dos antidepressivos tricíclicos,
65
o que esperar dos, 102
Effexor (venlafaxina), 69
Elavil, 65
Eldepryl (selegilina), 68
Eletroconvulsoterapia (ECT), 70-79
e depressão em idosos, 132
e psiquiatras, 80
comparação de tratamentos
com, 77
Emoções auto-destrutivas, 60-61
Emoções/comportamentos autodestrutivos, 60-61
Emprego (veja Ocupações
Questões no trabalho)
Empregos como segurança, 146
Endep, 66
Enfermeiras, 79
Enfermidade supra-renal (como

fator da depressão), 28
Epinefrina e IMAOs, 68
Erva de São João, hipérico
(Hypericum perforatum), 70
Ervas, 70
Escandinávia, 48
Esclerose múltipla, 24-25
Especialistas em Saúde Mental, 79-
80
Estado civil e suicídio, 133
Estresse:
como fator no Transtornos de
Adaptação , 47
administração do, 108-109
Estrogênio (como fator na
depressão), 28
Estudo de Partners in Care:
barreiras para o tratamento em,
90-91
e Transtorno Bipolar, 46
Terapia Comportamental-
Cognitiva usada em, 60-61
e desemprego, 88-89
cuidado aprimorado em, 53
cartas recebidas durante, 47-49
e seleção de regime, 99
Estupro:
como fator na depressão, 26-27
como fator no Transtorno de
Estresse Pós-traumático, 46
Eventos que ameaçam a vida:
e Transtorno de Estresse Pós-
traumático, 46-47
recuperação de, 124, 129-130
Eventos ruins/estressantes:
como fatores em Transtornos de
Adaptação, 47
como fatores na depressão,
20-23
e Terapia Interpessoal, 55
e Transtorno de Estresse Pós-
traumático, 46

ÍNDICE

Exercícios para melhorar o humor, 108-109

Expectativas sobre o tratamento, 102-103

Experiência da infância, 60-61

Experiências anormais (*veja* Pensamentos/experiências anormais)

Experiências/pensamentos anormais, 10-11
    e Depressão Pós-parto, 39-41
    e Depressão Maior Severa, 32

Fadiga (*veja* Cansaço)

Falar e Transtorno Bipolar, 45

Falhas de caráter, mitos sobre, 13-14

Familiares e amigos:
    atitudes de, 89
    como sistema de apoio, 111
    e o término do tratamento, 143

Famílias Saudáveis (plano de saúde), 82

Farmacoterapia, 63-71
    comparação entre outros tratamentos com, 77
    e seguindo o plano de tratamento, 117-118
    ervas, 70
    em instalações hospitalares, 77
    e monitoramento de efeitos colaterais, 112-113
    Inibidores de Monoamina Oxidase, 68-69
    antidepressivos de última geração, 69-70
    e gravidez, 135-136
    profissionais que trabalham com, 80
    psicoterapia combinada com, 69
    e recuperação, 140, 142

Inibidores Seletivos da Recaptação de Serotonina, 66-67
    para depressão severa, 74-75
    término de, 143-144
    antidepressivos tricíclicos, 66-67, 143
    o que esperar da, 102-103

Fase de manutenção da recuperação, 141-142

Fator(es) na depressão, 20-30
    uso de drogas/álcool como, 23-25
    histórico familiar como, 20-21
    hormônios como, 27-29
    e Terapia Interpessoal, 57
    doença médica como, 22-23, 44
    histórico como, 26-28
    abuso físico/sexual como, 25-26
    pobreza como, 26-27
    prescrição de medicamento como, 24-26
    eventos ruins/perdas significativas como, 20-23
    isolamento social como, 29

Fatores de idade e suicídio, 133

Fatores protetores potenciais, 29-31

FDA (Food and Drug Administration), 69

Fé espiritual, 99

Fenciclidina (PCP), 25

Fenelzina, 69

Ferimentos na cabeça, 23-24

Flashbacks, 46-47, 124

Fluoxetina, 68

Fluvoxamina, 67

Foco:
    problemas com, 5-6
    e recuperação, 143

Food and Drug Administration (FDA), 68

ÍNDICE

Fototerapia, 72, 76, 78
Fraqueza pessoal, mitos sobre, 13-14
Funcionamento normal, retorno ao, 125-126
Funcionar, capacidade de:
como indicador para hospitalização, 77
retornando ao normal, 123-124

Garotas, suicídio em, 127
Garotos, suicídio em, 133
Gasto de dinheiro e Transtorno Bipolar, 45
Gatilho, depressivo (*veja* Fator[es] na depressão)
Genética, 20-21
Gogh, Vincent van, 17-18
Gore, Tipper, 17-18
Gravidez, 134
Grupos de apoio, 63
para problemas com drogas/álcool, 117
melhorando o humor com, 110-111
e recuperação de trauma, 124
Grupos de auto-ajuda, 63
Guerra e Transtorno de Estresse Pós-traumático, 46

Hábitos alimentares:
mudanças nos, 7-8
e Transtorno Distímico, 39-41
e Depressão Maior, 32-33
e Farmacoterapia, 101
Heroína, 24-25
Hiperatividade, 125-126
Hipertensão, 23-24
Hipócrates, 17-18
Hispanoamericanos, 116, 126-127
Histórico da depressão, 26-28, 95

Histórico Familiar:
como fator no Transtorno Bipolar, 147
como fator na depressão, 20-21
Histórico, pessoal/familiar, 20-21, 26-28, 95, 145
Homens, suicídio em, 133
Hora de deitar, regular, 106-107
Hormônios:
como fator na depressão, 28-29
em medicamentos como fator na depressão, 25-26
Humor:
e Transtorno Bipolar, 45-46
perturbado, 17-19
e menopausa, 28-29
e neurotransmissores, 19-20
e psicoterapia, 102

Idosos:
depressão em, 130-133
e cobertura de plano de saúde, 81, 86
e antedepressivos tricíclicos, 65
IMAOs (*veja* Inibidores de Monoamina Oxidase)
Imipramina, 66
Inalantes, 24-25
Indecisão (*veja* Capacidade de tomar decisão)
Inferioridade, sentimento de, 41-42
Informações médicas, 148
Inibidores de Monoamina Oxidase (IMAOs), 69-70
Inibidores Seletivos da Recaptação de Serotonina (ISRSs), 68-69
Iniciação do tratamento (estágio 1), 138-139, 141
Inquietação:
e depressão infantil, 125
e Depressão Maior, 32-33

ÍNDICE

Insônia:
    e Depressão Maior, 32-33
    rotina para melhorar a, 106-107
    e término dos medicamentos, 143
Instalações, falta de assistência médica, 91-92
Interação Medicamentosa e depressão em idosos, 132
Interesse, falta de:
    e depressão infantil, 126-127
    e Depressão Maior, 32-33
    e recuperação, 141
    como sintoma da depressão, 5
Inutilidade, sentimentos de, 8-9
    e Transtorno Distímico, 41-42
    e Depressão Maior, 32-33
Irregularidade do intestino, 9
Irritabilidade, 8
    e Transtorno Bipolar, 45
    e depressão infantil, 125
    e mania, 147
    e menopausa, 28-29
Irritação e depressão infantil, 126-127
Islândia, 49
Isocarboxazid, 70
Isolamento social (*veja* Isolamento Social)
Isolamento social:
    e depressão infantil, 127
    e depressão em idosos, 130
    como fator na depressão, 29-30
    melhorando o humor ao evitar, 109-110
    como sintoma da depressão, 10-11
Isolamento, evitando, 108-110
ISRSs (*veja* Inibidores Seletivos da Recaptação de Serotonina)

Jackson, Janet, 17
Jolie, Angelina, 17

Kübler-Ross, Elizabeth, 124

L.C.S. W. (*Licensed Clinical Social Work* – Bacharelado em Seviço Social Clínico), 82
Lazer:
    perda de interesse nos, 5
    e recuperação, 141, 143
Lembretes, compromissos, 97, 114
Lição de casa (com TCC ou TIP), 117
Linguagem de sinais (como barreira para o tratamento), 91
LSD, 24-25
Ludiomil (maprotilina), 66
Luto, 21, 32, 125
Luvox, 67
Luz do dia, 71
Luz do Sol, 71

M.S.W.: (Mestrado em Serviço Social), 80
Mães:
    depressão em mães recentes, 28-29
    Depressão Pós-parto em, 39-40
Mal de Parkinson, 23-24
Mania, 45, 147
Manual de Diagnóstico e Estatística dos Distúrbios Mentais (DSM-IV), 30, 37-38
Manual Psiquiátrico de Diagnóstico e Estatística, 31
Maprotilina, 66
Marplan, 68
Marx, Karl, 17

ÍNDICE

Medicação para dor (como fator na depressão), 25-26
Medicaid, 81-82
Medicamentos antidepressivos (*veja* Farmacoterapia)
Medicamentos para o coração (como fator na depressão), 25-26
Medicamentos para os nervos, 25-26
Medicamentos, prescrição:
  cobertura de custo de, 82-83
  depressão em idosos mascarada por, 131
  como fator na depressão, 24-26
Medicare, 81-82
Médicos de Família, 74, 86-87, 130
Melancolia, 17
Menopausa (como fator na depressão), 28-29
Mestrado em Serviço Social (M.S. W.), 80
Methedrina, 24-25
MFCC (*Marriage, Family, and Child Counselors*), 79
MFT (*Marriage e Family Therapists*), 79
Minorias, acesso a assistência médica, 120
Mirtazapina, 70
Mitos sobre depressão, 13-15
Morfina, 24
Morte de ente querido, 21, 32, 47
Morte, pensamentos de:
  e depressão em idosos, 132-133
  e Depressão Maior, 32
  persistentes, 133-134
Mudanças de peso, 8, 32-33
Mulheres:
  hormônios das, como fator na depressão, 27-28

Depressão Pós-parto em, 35-37
  e gravidez, 135
  suicídio em, 133

Napoleão, 17
Narcóticos Anônimos, 117
Nardil, 68
National Depressive and Manic-Depressive Association (NDMDA), 63, 113
National Institute of Mental Health (NIMH - Instituto Nacional de Saúde Mental dos Estados Unidos), 69
Nativos-americanos, 122, 129
Náusea, 143
NDMDA (*veja National Depressive and Manic-Depressive Association*)
Nefazodona, 69
Nervosismo, 9, 13
Neurotransmissores:
  e IMAOs, 67
  efeitos dos medicamentos sobre, 64
  e humor, 19
NIMH (*National Institute of Mental Health* - Instituto Nacional de Saúde Mental), 69
Níveis de energia, 7-8
  e Transtorno Bipolar, 45
  e Transtorno Distímico, 39-41
  e depressão em idosos, 131
  e Transtorno Depressivo Maior, 32
  e Farmacoterapia, 103
Norepinefrina, 19
Norpramin, 65
Nortriptilina, 66
Nutrição, 115

ÍNDICE

O'Donnell, Rosie, 17
Opióides, 24
Orientadores Conjugais, Familiares e Infantis (MFCC – *Marriage, Family, and Child Counselors*), 79

Padrão financeiro e depressão, 14-15
Pamelor (nortriptilina), 66
Parnate (tranilcipromina), 68
Paroxetina, 67
Paxil, 67
PCP (fenciclidina), 24
Pediatra, 130
Pensamento lentos, 5, 32-33
Pensamento negativo, 54-56
Pensamentos bizarros, 35
Pensamentos irracionais, 77
Pensamentos pessimistas, 54-56
    e Depressão Maior, 32-33
    e recuperação, 139
Pensamentos raciais e Transtorno Bipolar, 45, 145
Pensamentos recorrentes e Transtorno de Estresse Pós-traumático, 46
Pensamentos suicidas, 9
    e estar sozinho, 112
    ECT para tratamento de, 70, 76
    e depressão em idosos, 132-133
    como indicadores para hospitalização, 75-76
    em pacientes com doenças incuráveis, 44
    com Transtorno Depressivo Maior, 32-34
    e mitos sobre depressão, 14
    persistentes, 133-134
    com Depressão Pós-parto , 36
    e gravidez, 136

e depressão em adolescentes, 127-128
Pensamentos/experiências estranhas (*veja* Pensamentos/experiências anormais)
Pensamentos:
    anormais (*veja* Pensamentos/ experiências anormais)
    bizarros, 35
    de morte (*veja* Morte, pensamentos de)
    negativos, 55-56
    pessimistas (*veja* Pensamentos pessimistas)
    raciais, 45, 145
    recorrentes, 46
    lentos, 5, 32-33
Perda da capacidade de funcionar, 76-77
Perda de Emprego, 21, 47
Perda de motivação, 7-8
Perdas significativas/eventos ruins, 20-23
Perdas, significativas:
    e Transtornos de Adaptação , 47
    como fator na depressão, 21, 32
    e suicídio, 133
Performance escolar:
    e depressão infantil, 127-128
    e depressão em familiares, 152
Perguntas a fazer:
    ao médico, 100
    a alguém que quer morrer, 134
Personalidade e Psicoterapia Psicodinâmica, 57-59
Pertofrane, 65
Pesadelos, 46
Pílulas anticoncepcionais (como fator da depressão), 25

ÍNDICE

Plano de saúde:
  cobertura, 83, 87
  e depressão em idosos, 131
  mudanças de emprego e
    continuação do, 150-151
  e questões particulares, 148
Planos de saúde gerenciados, 82, 88
Planos de saúde por serviço, 82, 88
Planos de saúde, 81, 88
Pobreza:
  e depressão em idosos, 130
  como fator na depressão, 26
  e mitos sobre depressão, 15
Prática espiritual, 108
Prazer, falta de, 32-33
Preconceito, lidando com, 122-123
Preferências, tratamento, 99-101
Prejudicar os demais, 75
Preocupação (*veja* Ansiedade)
Preocupações com segurança:
  como fator na depressão, 26
  ocupacional, 5
Prescrição de medicamentos (como
    fator na depressão), 24-25
Pressão arterial:
  afetada por IMAOs, 63
  depressão causada por
    medicamentos para, 25
Problemas conjugais, 21
Problemas de audição, 6
Problemas de leitura, 6, 142
Problemas de memória:
  com depressão, 6-7
  com ECT, 71
  e manutenção de compromissos,
    97
Problemas de organização, 8
Problemas de relacionamento:
  como fator na depressão, 21
  e Terapia Interpessoal, 54
  e Psicoterapia Psicodinâmica, 59
Problemas financeiros, 21, 47

Procedimentos terapêuticos, 69-71
Profissionais da assistência médica,
    79-80
Profissões:
  depressão e perigo, 6
  medicamentos e alta-segurança,
    146
Progesterona (como fator na
    depressão), 27
Programa de cobrança com escala
    regressiva, 83
Programas de assistência às
    vítimas, 126-127
Programas de cobrança, escala
    regressiva, 82
Protripilina, 66
Prozac (fluoxetina), 67
Psicólogos clínicos, 81
Psicólogos, 81
Psicose/sintomas psicóticos:
  ECT para o tratamento de, 76
  como indicador para
    hospitalização, 75
  e Depressão Pós-parto, 36
  com Transtorno Depressivo
    Maior Severo, 35
Psicoterapia de Apoio, 58, 69
Psicoterapia Dinâmica (*veja*
    Psicoterapia Psicodinâmica)
Psicoterapia Psicodinâmica, 60-62
Psicoterapia, 52-60
  Terapia Comportamental-
    Cognitiva (*veja* Terapia
    Comportamental-Cognitiva)
  descrição da, 53
  Terapia Interpessoal (*veja*
    Terapia Interpessoal)
  medicamentos combinados com,
    75-76
  para depressão leve/moderada,
    73-75

209

ÍNDICE

Psicoterapia Psicodinâmica,
60, 62
e recuperação, 140
Psicoterapia de Apoio, 63
comparação de tratamento com,
77
o que esperar da, 102
Psiquiatras geriátricos, 132
Psiquiatras, 81, 132

Quadro de deficiência clínica, 150
Quadro de deficiência, clínico, 150
Queijo e IMAOs, 67
questionário sobre eventos na vida,
21-22
Questões culturais, 118-120
Questões de bem-estar, 81
Questões delicadas, falando sobre,
120
Questões dos Sem-teto, 80
Questões étnicas, 118-120
Questões familiares:
e recuperação, 150-153
e assistentes sociais, 80
e Terapia de Apoio, 63
Questões no trabalho:
e recuperação, 147-150
e Terapia de Apoio, 63
e plano de tratamento, 88-89
Questões particulares no trabalho,
148
Questões raciais, 118-120
Química:
dos antidepressivos cíclicos, 65
mudanças na depressão, 18-19
dos IMAOs, 67
de antidepressivos de última
geração, 68
e Farmacoterapia, 64
dos ISRSs, 66

Raiva e tristeza (fase 2), 124
Raiva:
e depressão infantil, 126
e Transtorno de Estresse Pós-
traumático, 46
e recuperação, 124
Reajustamento emocional (fase 3),
124
Reajustamento emocional, 124
Reclamações físicas, 9-10 (*Veja
também* Dores e Sofrimento)
Recorrência da depressão, 26-27
Recuperação da depressão, 137-155
e questões familiares, 150-153
iniciação do tratamento (estágio
1), 138-140
e reincidência, 146-147
remissão dos sintomas (estágio
3), 142-143
resposta ao tratamento (estágio
2), 141-142
plano sumário para, 166
término do tratamento (estágio
4), 143-146
e questões no trabalho, 147-150
Recuperação do trauma, 121-124
raiva e tristeza (fase 2), 123
reajustamento emocional (fase
3), 123
retorno ao funcionamento
normal (fase 4), 123-124
choque e descrença (fase 1), 123
Reguladores do humor, 19, 135
Reincidências, 137, 146-147
questionário para, 155
reconhecendo, 153-155
Relacionamentos sociais e
Psicoterapia Psicodinâmica, 62
Religião:
melhorando o humor através da
prática da, 109
e mitos sobre depressão, 13

ÍNDICE

Remeron, 69
Remissão dos sintomas (estágio 3),
  141-142
Retirada dos medicamentos, 145-146
Retorno ao funcionamento normal
  (fase 4), 123-124
Riqueza e depressão, 14
Ritmos biológicos, 71
Rotinas, sono, 107-108

SAD (veja Transtorno Afetivo
  Sazonal)
S-CHIP (State Children's Health
  Insurance), 83
Sedativos, 135
Selegilina, 68
Sentimentos de culpa, 8-9, 32-33
Sentimentos:
  no Transtorno Bipolar, 45
  no Transtorno Distímico, 41
  no Transtorno Depressivo
    Maior, 33
Separação forçada:
  e Transtornos de Adaptação, 47
  como fator na depressão, 21
Serotonina:
  e IMAOs, 67
  como reguladora de humor, 19
  e ISRSs, 66
Sertralina, 67
Serviços de assistência médica:
  e cobertura do plano de saúde,
    82-83
  falta de, 90
  acesso das minorias aos, 120
Serviços de interpretação, 91
Serzone (nefazodona), 69
Sexo, perda de interesse por:
  como efeito colateral dos ISRSs, 67
  como sintoma de depressão, 5
Sífilis (como fator na depressão), 23

Sinais de aviso de reincidências,
  156
Sinequan, 66
Sintoma(s), 2-12
  pensamentos/experiências
    anormais como, 10
  mudanças de apetite como, 7-8
  questionário para avaliação de,
    96-97
  questionário de, 12
  de depressão infantil, 127-129
  problemas de concentração
    como, 5-6
  duração de, 2
  de depressão em idosos, 131
  perda de energia como, 6-7
  sentimentos de inutilidade
    como; S-9
  sentimento de culpa como, S-9
  desamparo como, 9
  irritabilidade como, 8
  isolamento como, 10
  perda de interesse como, 5
  problemas de memória como, 5-6
  monitorando, 138-141
  perda de motivação como, 6-7
  apatia como, 4
  mudanças de atividade física
    como, 10-11
  reclamações físicas como, 9-10
  de reincidências, 154
  retorno de, 146-147
  tristeza como, 4
  problemas com o sono como, 6
  pensamentos suicidas como, 9
  problemas de raciocínio como,
    5-6
Solidão (como fator na depressão),
  29
Sono e transtornos do sono, 7, 32
  e Transtorno Bipolar, 45, 147

ÍNDICE

e depressão infantil, 127-128
e Transtorno Distímico, 41-42
e depressão em idosos, 131
e Depressão Maior, 32-33
e Farmacoterapia, 104
e Transtorno de Estresse Pós-
traumático, 47
e recuperação, 139
rotina para melhorar o sono,
107-108
State Children's Health Insurance
(S-CHIP), 83
Superioridade, sentimentos de, 45
Surmontil, 66
Suspeitas paranóides:
como indicador para
hospitalização, 75
e Depressão Maior Severa, 35

Tarefas, novas/difíceis:
evitando, 115-116
e recuperação, 141-147
TCA (*veja* antidepressivo tricíclico)
TCC (*veja* Terapia Comportamental-
Cognitiva)
Técnicas de relaxamento, 109
Telemedicina, 90
Tensão Pré-Menstrual (TPM), 28
Terapeutas Conjugais e de Família
(MFT – *Marriage and
Family Therapists*), 80
Terapia comportamental (*veja*
Terapia Comportamental-
Cognitiva)
Terapia Comportamental-Cognitiva
(TCC), 58-60, 73-75
disponibilidade de, 98
lição de casa com, 117
profissionais que trabalham
com, 80
e recuperação, 142
o que esperar da, 102

Terapia de Casais, 63
Terapia de Grupo, 63
Terapia de medicamentos (*veja*
Farmacoterapia)
Terapia Familiar, 63, 153
Terapia Interpessoal (TIP), 54-55,
73-75
disponibilidade de, 101
lição de casa com, 117
profissionais que trabalham
com, 81
e recuperação, 142
o que esperar da, 103
Terapias (*veja* Tratamento [s] para
depressão)
Término do tratamento (estágio 4),
142-146
Teste psicológico, 81
TIP (*veja* Terapia Interpessoal)
Tofranil (imipramina), 66
TPM (Tensão Pré-Menstrual), 28
Tranilcipromina, 68
Tranqüilizantes e gravidez, 135
Transporte:
como barreira para o tratamento,
90
e depressão em idosos, 131
Transtorno Afetivo Sazonal (SAD),
48, 71-75
Transtorno Bipolar, 44-46
Transtorno de Ajustamento, 47
Transtorno de Déficit de Atenção,
127
Transtorno de Estresse Pós-
traumático, 46-47
Transtorno Depressivo Maior Leve,
34
Transtorno Depressivo Maior
Moderado, 34-35
Transtorno Depressivo Maior
Severo, 35

ÍNDICE

Transtorno Depressivo Maior, 31-35
*vs.*Transtorno Bipolar, 46
e Terapia Comportamental-
Cognitiva, 61
critérios do, 32-34
e Transtorno Distímico, 43
e tratamento de longo prazo, 155
Leve, 34
Moderado, 34-35
Severo, 35
Transtorno Depressivo Menor, 43
Transtorno Distímico, 36-43
critérios de, 39
e tratamento de longo prazo, 155
Transtorno Maníaco-Depressivo
(*veja* Transtorno Bipolar)
Transtorno Sazonal de Humor (*veja*
Transtorno Afetivo Sazonal)
Transtornos de aprendizagem e
depressão infantil, 128
Tratamento(s) para depressão, 52-
105
e disponibilidade de instalações,
100-101
barreiras para (*veja* Barreiras
para obtenção de
tratamento)
comparação de, 79
Eletroconvulsoterapia (*veja*
Eletroconvulsoterapia)
avaliação e diagnóstico, 92-95
experiências/atitudes em relação
a, 102
hospital, 77-79
Fototerapia, 73, 77-79
e mitos sobre depressão, 14
Farmacoterapia (*veja*
Farmacoterapia)
preferências de, 101-103
profissionais que trabalham
com, 81-82, 96-98

Psicoterapia (*veja* Psicoterapia)
perguntas a fazer sobre, 102
e recuperação, 140-141
regular, 111-112
seleção de regime, 96-103
permanecendo com, 115-116
término de, 141-143
o que esperar, 103-104
(*Veja também* Auto-ajuda)
Tratamentos hospitalares:
cobertura de custo de, 84
instalações para, 82
indicações para, 77-79
Trauma:
depressão *vs.* "normal" 126
como fator na depressão, 26
como fator no Transtorno de
Estresse Pós-traumático, 47
Trazodona, 66
Trimipramina, 66
Tristeza:
e depressão em idosos, 131
e Depressão Maior, 32-33
e recuperação, 125, 139
como sintoma da depressão, 4
Tuberculose, 23

*U.S. Surgeon General 's Report on
Mental Health*, 121
Uso de álcool, 32
evitando, 115
questionário para, 24
como fator na depressão, 23-24
e suicídio, 133
e adolescentes, 128
Uso de Drogas:
evitando, 117
como fator na depressão, 23-24
e Transtorno Depressivo Maior,
33
e suicídio, 133
e adolescentes, 128

ÍNDICE

Vazio (como sintoma de depressão), 4
Venlafaxina, 69
Vergonha e depressão, 14
Veteranos, 82
Videoconferência (assistência médica), 86
Vinho, 67-68
Violência física:
    como fator na depressão, 25
    como fator no Transtorno de Estresse Pós-traumático, 46
Violência sexual (como fator na depressão), 25
Violência:
    como fator na depressão, 25
    como fator no Transtorno de Estresse Pós-traumático, 46
    em pacientes com Transtorno Bipolar, 45
    em pacientes com Transtorno de Estresse Pós-traumático, 47
Vivactil, 66
Voluntariado (para melhorar o humor), 110
Wellbutrin, 69
Zoloft (sertralina), 67
Zyban, 69